SHODENSHA
SHINSHO

最強の人生指南書

——佐藤一斎「言《げん》志《し》四《し》録《ろく》」を読む

齋藤 孝

祥伝社新書

はじめに

　幕末の儒学者である佐藤一斎《いっさい》の著作『言志四録《げんししろく》』は、現代においても「最強の人生指南書」である。私はそう断言します。

　とはいっても、佐藤一斎と聞いて、ピンとくる人は少ないでしょう。日本史の授業でも習いませんし、その著書である『言志四録』も、いまとなってはお世辞にも知名度が高いとはいえなくなってしまいました。

　ではなぜいま、これを採り上げるのか？　それは『言志四録』が、人生に必要なことを、短い言葉で的確に言い当てているからです。

　昨今、「幕末・明治」と「論語」がブームともいえる人気を見せています。これは、政治や経済の混迷が続く中で、日本人が「指針となるもの」を必要としていることが影響しているのではないでしょうか。

　幕末から明治にかけて、新たな時代を切り開いた人々の活力。そして、論語にみられる人生に対するブレない見方。それらを現代の日本人は痛切に求めているのです。そして『言志四録』は、これら二つの要素を持ち合わせた、類《たぐい》まれなる書なのです。

佐藤一斎は、幕府直轄の教育機関であった昌平坂学問所《しょうへいざか》のトップ、いまで言えば大学の学長まで務めた人です。日本における儒学の大成者として大変尊敬をされていました。『言志四録』は、儒学のみならず、朱子学や陽明学など東洋の思想・学問に通じていた佐藤一斎が、四二歳から八二歳まで四〇年にわたって思索した成果を集めた語録です。

佐藤一斎の門下には数千人が学んだそうで、弟子には、佐久間象山《しょうざん》や横井小楠《しょうなん》らがいます。佐久間象山の門下には、坂本龍馬《りょうま》や勝海舟《かつかいしゅう》、吉田松陰《しょういん》といった人物が並び、さらに吉田松陰といえば、明治の草創期に活躍した高杉晋作《しんさく》、伊藤博文《ひろぶみ》、山県有朋《やまがたありとも》らの先生となった人物です。また、直接学んだわけではありませんが、西郷隆盛《たかもり》は『言志四録』を生涯座右の書としていました。

つまり、幕末から明治にかけての重要な人物は皆、佐藤一斎の教えを受け継いでいたといっても過言ではありません。特に、西郷隆盛は、この中から特に気に入った一〇一条を選んで『手抄《しゅしょう》言志録』としてまとめ、肌身離さず持ち歩いたといいます。手抄とは、自分の手で直接抜き書きすることです。

それに倣《なら》ってではありませんが、本書では、『言志四録』から印象的な言葉を私なりにセレクトしなおして、そこに現代の人に合った形での解説を付けました。儒学というのはややもすると堅苦しく、生真面目《きまじめ》すぎていまの時代にそぐわない部分もありますので、そのあたりは柔軟に解釈しつつ、日常生活や仕事に役立つように配慮しています。

漢文調の短い言葉で書かれた言葉は、カッコよく覚えやすいものです。ぜひ一つでも二つでも覚えて、座右の銘にしてみてください。折に触れて、あなたの人生の助けとなってくれることでしょう。

本書における『言志四録』の書き下し文と現代語訳は、川上正光《かわかみまさみつ》氏訳の講談社学術文庫版を使用し、一部文字遣いや言葉などを変えさせていただきました。記して感謝申し上げます。

二〇一〇年五月

齋藤《さいとう》　孝《たかし》

目次

目次

第二章　禍《わざわい》は「上」から起こる——人間関係・リーダー論

第四章　「やむを得ざる」の生き方――人生論

本文で引用した「言志四録」の書き下し文および現代語訳は川上正光全訳注・『言志四録（一）〜（四）』（講談社学術文庫）によりました。一部文字遣いや語句については、適宜変更した箇所があります。

引用の最後に付した番号も同書のものです。

『言志四録』とは、『言志録』『言志後録』『言志晩録』『言志耋録』の四冊を総称したものです。本書では以下のように書名を略しました。

録…言志録　後…言志後録　晩…言志晩録　耋…言志耋録

序章　現代こそ『言志四録』が役に立つ

論語ブームと『言志四録』

佐藤一斎や『言志四録』といっても、いまでは日本史の教科書にもほとんど出ていませんし、著作者としての知名度も決して高いとは言えません。

佐藤一斎に限らず、江戸時代の学者の著作は、残念ながら現在、本居宣長《もとおりのりなが》のような超有名人をのぞくと、ほとんど読まれていません。素晴らしいものがあるのになぜ読まれないのかというと、そこに「漢文で書かれている」という壁があるからです。

江戸時代の儒学者の著作は、その多くが漢文で書かれています。そのため、漢文の素養がない現代人にとっては、どうしても理解することが難しくなってしまうのです。

では、現代人は古典にまったく興味を持たないのかというと、そんなことはありません。儒教の始祖である孔子《こうし》とその弟子たちの対話をまとめた『論語』は漢文ですが、長く読み継がれ、いまもまた論語ブームが起きています。

『論語』が長く愛されつづけている秘密は、それが「情報ではない」ことにあります。

情報の価値は時々刻々変化します。でも、『論語』に書かれている言葉は、その言葉を一生かけて身につけていくというタイプのものです。そこには、知っているか知らないかという知識のレベルでは測ることのできない「言葉の質」というものがあります。『論語』が単なる古典ではなく、人生の書として多くの人に愛されているのはこのためです。

江戸時代、日本人は儒学を「人間性を養う柱」としていました。それは幕府の政策ではあったのですが、実際には武士にとどまらず、一般の人々の子弟も寺子屋などで『論語』を軸に学んでいました。

当時は、いまの小学生ぐらいの頃から「素読《そどく》」といって、『論語』などの古典を音読するということが繰り返し行なわれていました。その年齢では意味もほとんどわからなかったでしょうが、それでも何度も繰り返し音読し、暗唱することで、当時の人たちは、人としての生き方、あるいは躾《しつけ》とか礼儀作法までも同時に学んでいたのです。それは単なる「情報」ではなく、一生使うことのできる知恵でした。

一般の人の倫理観にも深く浸透していったそうした教養は、明治になったからといってすぐに失われるようなものではありません。

確かに明治以降、漢学や儒学自体は勢いを失っていきますが、日常を生きる一般の人たちの道徳意識や倫理観は連続していました。そして、それが続いている間、日本人の真面目な国民性はずっと保たれてきました。日本が右肩上がりの成長を遂げることができた大きな要因の一つは、この道徳意識の伝統だと思います。

私は昭和三十年代半《なか》ばの生まれですが、私が小学生だった頃の先生の多くは、真面目な、いわゆる先生らしい先生でした。そんな先生方の真面目さの根底には、やはり論語的な道徳観がまだ生きていたはずです。

それが大きく崩れてきたのは、敗戦によってそれまでの価値観が否定され、戦後、アメリカから民主主義などいろいろな思想が入ってきたために——それ自体が悪いわけではないのですが——何を人間性の柱にすればいいのかがわからなくなり、少し混乱してしまったのではないでしょうか。

そうした混乱に、近年は経済的な停滞感が加わり、多くの人が自分の心を自分でコントロールすることができなくなってきています。鬱《うつ》になってしまう人が増えたのも、こうした人間性の柱の喪失が大きく関係していると私は思います。

自分の心を自分でコントロールできない。そういう人が増えている中で、日本人はいま、生きるということをもう一度、人間性ということに立ち戻って見直そうとしているのではないでしょうか。

心に響く「短い言葉」

いま、『論語』が再びブームになっているのも、自分の心のあり方を修養することを目指す儒学に、人間性の柱を求めているからなのだと思います。

とはいえ、「修養」という言葉が死語となったこの時代に、いまさら修養しろといっても、一生かけて心を鍛錬していくという覚悟までは持てないというのが正直なところでしょう。

では、どうすればいいのか。

私が本書でお薦《すす》めしたいのは、心に響く言葉を日々の生活の中で少し意識してみるということです。このくらいでしたら、忙しい現代人の負担にもならないし、むしろ生活の中でよい刺激になるのではないかと思います。

人生の選択や人間関係などというと、大きなことのようですが、私たちの日々の行動というのは、実は細かな判断から成り立っています。ちょっと嫌な人と出会ったときに、自分から挨拶するのかしないのか、電車で疲れて座っているときに、お年寄りに席を譲ろうかやめようか、そんな細かい、一瞬の判断が大きなものにつながっていくのです。

そうしたときに、それまでやってきた習慣のまま行動をしていては、何も変わりません。

人は、いまの状態があまりいいと思っていなくても、なかなか行動を変えることはできないものです。でも、そうしたときに、判断をずらすきっかけとなる言葉が自分の中にあれば、行動を変えることができます。

自分自身そう心がけている中で、ある日私は、いろいろな折に佐藤一斎の言葉に触れていることに気づきました。

『論語』もそうですが、『言志四録』に綴《つづ》られた佐藤一斎の言葉というのは、箴言《しんげん》となっているものがとても多いのです。箴言というのは、教訓を含んだ短い言葉のことです。格言と言ってもいいでしょう。

実は、この「短い言葉」ということがとても重要なのです。

哲学者ニーチェも好んで短い言葉を使いましたが、彼は、『ツァラトゥストラはこう言った』の中で「すべての書かれたもののなかで、わたしが愛するのは、血で書かれたものだけだ。」「血をもって箴言を書く者は、読まれることを求めない。暗誦されることを望む。」(氷上英廣訳・岩波文庫)と語っています。

これは要するに、一つの諺《ことわざ》や格言のような言葉が生まれてくる背景には、ものすごく大量の思考があり、それがその短い言葉に凝縮《ぎょうしゅく》されているからこそ人の心に響くものになるのだ、ということです。

佐藤一斎は儒学者なので、当然孔子の影響は強く受けています。でも、単に『論語』を真《ま》似《ね》たということではありません。おそらく彼は、孔子の言葉が人の心に響くのは、それが箴言として生命をもっているからだということに気がついたのでしょう。だからこそ、自分もそのような箴言を残したいと考え、『言志四録』を著《あらわ》したのだと思います。

幕末の志士たちが学んだ東洋の叡智《えいち》

もちろん箴言ということでは『論語』も素晴らしいのですが、私が今回『言志四録』を採り上げようと思ったのは、佐藤一斎の言葉に東洋の蓄積を感じたからです。

佐藤一斎という人は、幕府の学問所である昌平黌《しょうへいこう》（昌平坂学問所）の総長まで務めた人で、これはいまで言えば東大の学長のようなものです。

彼の学問の中心はもちろん儒学の中でも当時の主流だった朱子学ですが、実はそれだけではなく、老荘思想の流れを汲《く》む道教や、知識と行ないは一体化しているべきであるという知《ち》行合一《こうごういつ》を説いた王陽明《おうようめい》の学問、陽明学も修《おさ》めています。

つまり言志四録は、東洋のさまざまな学問が、いったん佐藤一斎の体の中に全部流れ込み、そこから日本人にとって重要だろうと思われるものが、長い時間をかけて一滴また一滴と絞り出されてきた言葉の集積なのです。

幕末・維新の志士、西郷隆盛《たかもり》は、入水《じゆすい》自殺をはかったり、島流しに遭ったり、不遇の時期を過ごしています。その逆境の中で彼を支えたのが佐藤一斎の『言志四録』でした。彼は『言志四録』から一〇一条を抜き出し、それを心の糧《かて》として、何回も何回も書いてその身に覚え込ませています。

西郷がこれほど心酔したのは、やはり佐藤一斎の言葉の中にある東洋の蓄積に気づいたからなのだと思います。

また、おもしろいのは、西郷が何度も何度もその言葉を書いていることです。彼が選び出したのは一〇一条。幼い頃から素読を行なっていた時代の人ですから、その程度であればわざわざ書かなくても暗唱できたと思います。それをあえて書いているということは、そうすることによって言葉を自分の心を磨くための「砥石《といし》」にしていたのでしょう。

佐藤一斎が昌平黌の総長に就任するのは六〇歳のとき、『言志四録』は、それをまたぐように、四二歳から八二歳までの四〇年にわたって筆録されています。「四録」という名の通り四篇からなりますが、最初から四篇と決めて書かれたものではありません。年代を経るごとに心に思うところを「言志録」「言志後《こう》録」「言志晩《ばん》録」「言志耋《てつ》録」と、上梓《じょうし》していったものです。

佐藤一斎は幕府の学問所の総長を務めた人物なので、幕政謳《おう》歌《か》論のようなものも語っているのですが、不思議なことに、幕府側の人物だけでなく、幕府を倒す勢力となった人々からも多大な尊敬を集めています。

西郷隆盛は『言志四録』を介して佐藤一斎に学びましたが、直接教えを受けた人物にも、明治政府で重責を担った横井小楠《しょうなん》や『西国立志編』を出版して多くの人々を啓蒙《けいもう》した中村正直《まさなお》、吉田松陰《しょういん》、勝海舟《かつかいしゅう》、坂本龍馬《りょうま》らに多大な影響を与えた佐久間象山《しょうざん》など、そうそうたる人物が数多くいます。

実際に『言志四録』を通して読んでみるとわかりますが、佐藤一斎の教えは決して過激なものではありません。でもなぜか、幕府側の人間にも倒幕側の人間にも愛され、明治以降も多くの人に愛されていったという非常に珍しいものです。

なぜこれほどに多くの人に愛されたのかというと、やはり、それだけ佐藤一斎の言葉に普遍性があったということなのでしょう。

四篇からなる『言志四録』に収録されている佐藤一斎の言葉は全部で一一三三条。それをすべて読むのは正直しんどいですし、長い年月をかけて書かれたものなので、似かよった内容のものもあります。

だからでしょう、西郷隆盛は自分の心に響いた言葉を一〇一条抜き出して、座右の書としました。でもそれはあくまでも西郷流の選び方です。そこで本書では、現代人にフィットしたものという視点でもう一回セレクトし直し、現代の普通の生活をしている人に役立つ解説をつけてご紹介することとしました。

原文の漢文は一見難しそうですが、声に出して読んでみると、口語体にはない格好良さがあります。今回は比較的短く、切れ味のいいものを選んでいますので、少々難しくてもぜひそのまま読んでいただき、気に入ったものは憶えていただきたいと思います。

短い漢文調の言葉は、いまとなってはなかなか生み出しにくいものです。しかもそれが優《すぐ》れた示唆を含んでいるとなるとなおさらです。本書でご紹介する佐藤一斎の言葉は、そうした意味でも貴重なものと言えます。

切れ味がよく、ちょっと格好のいいこれらの言葉を、一つでも二つでもいいので、ぜひあなたの座右の銘として、日々の生活のなかで精神のバランス感覚を養うのに活かしてください。

第一章　「忙しい」の九割は無駄な仕事

仕事術

事前によく考えれば、スムーズに進む

事《こと》を慮《おもんぱか》るは周詳《しゅうしょう》ならんことを欲し、事を処《しょ》するは易簡《いかん》ならんことを欲す。（録・26）

物事を考える場合は周到綿密なることが必要だ。一たん考えがきまったからは、これを行うには、手軽に片付けることが必要だ。

仕事をしていくうえで、企画力はもっとも重要なものの一つです。

多くの人は、企画力というと、おもしろいことや画期的な案を考えることだとばかり思いがちです。しかし、企画でもっとも重要なのは、企画が出せるか出せないかでもなければ、企画が通るか通らないかでもありません。「この企画が通ってしまったら怖いな」そういう感覚を持って臨んでいるか、実はこれがもっとも大きな問題なのです。

単に、自分の企画を通したい、自分の企画が通ればいい、そう思って企画書を出している

人は、結構気楽なというか、子どもっぽい人です。なぜなら、その企画が通り、現実のプロジェクトとして動き出したときのことをきちんと考えていれば、やはりそこに「怖さ」を感じるはずだからです。

もしかしたらこの企画によって会社に損害を与えてしまうかもしれない。そんな恐怖を感じて、周到な思考をしているかどうか。

それが、単に「企画を立てる」ことと「企画を練《ね》る」ことの差です。

企画力を身につけたいと言う人はたくさんいますが、企画を立てるだけなら、ある意味誰でもできます。明日までに企画を五本立ててこいと言われれば、何かしらは立てられるでしょう。

でも、企画を練るとなると話は違ってきます。

「明日までに企画を練り上げてこい」という上司がいたとしたら、それは企画をきちんと練ることの難しさがわかっていないと言わざるを得ないでしょう。

企画を練り上げるためには、最低でも一、二週間は必要なのではないでしょうか。

いろいろな要素を考え合わせ、徹底的に考え抜かなければなりません。佐藤一斎の言うところの「周詳《しゅうしょう》」であることが必要なのです。

そうして考えに考えを重ね、最終的に「これだ」といえるものに練り上げます。

ＣＭ制作などでは、広告代理店はだいたい三つくらいの案を最終的に提案してきます。でもそれは形の上でのことで、本命の一つはこの段階ですでに決まっています。なぜなら、周到綿密な思考がきちんとなされていれば、自《おの》ずと「これだ」と言えるものは一つに絞り込まれることになるからです。

すべてを考えたとき、最終的にこれだと言える決定は一つでなければなりません。

もしも、三つの案「どれでもいい」と思うようなら、それはまだ練れていないということです。練り上げられたたった一つの企画の背後には、ボツになった企画が一〇も二〇も屍《しかばね》としてあることが普通です。

最終的な一つはあらゆることが考えられた結果なので、ある一面から見れば、ボツになったもののほうがいいということもあるかもしれません。

たとえば、すごくセンスのいい先鋭的なネーミングもあったけれども、あえて凡庸《ぼんよう》なネーミングに行き着くということもありえるということです。それは、鋭いとか、センスがいいというような自己満足よりも、さまざまな要素を考え合わせて、最終的に責任が持てるようなかたちで決断がなされるからです。あえて捨てる勇気を持って、その一つに絞る。責任を伴《ともな》った企画力とは、そういうものです。

周到に練り上げられた企画ほど、いざ動きはじめたときにスムーズに進みます。

それはこちらの考えがきちんと煮詰まっているので狙いや交渉のポイントがすでに明確になっているからなのです。

仕事はまず解決可能性と優先順位を判断する

人《ひと》の事《こと》を做《な》すには、須《すべか》らく其《そ》の事《こと》に就《つ》いて自《みずか》ら**我《わ》が量《りょう》と才《さい》と力《ちから》との及《およ》ぶ可《べ》きか**を揆《はか》り、又事《またこと》の緩急《かんきゅう》と齢《よわい》の老壮《ろうそう》とを把《と》って相比照《あいひしょう》して、而《しか》る後《のち》做起《さき》すべし。

（後略）（晩・158）

人が仕事をするにあたっては、必ず自ら自分の度量と才能と力量でその仕事を成し得るかどうかを計り考え、また、その仕事の急ぐ度合と、自分の年齢の老若《ろうにゃく》の程度等を比較照合し、（成功する目安をつけて）しかるのちに着手すべきである。

これは、仕事を行なうときは、自分がやれること、やれないことを、自分の度量と才能から予測してやりなさいということです。

仕事というものは、何でもやればいいというものではありません。できないことをしていても成果にはなりません。それを判断するのも立派な仕事の能力です。

若い人は生意気だということになりかねないので、基本的には、きた仕事を断らないほうがいいと思いますが、年齢を経て、自分がやれるか、やれないかがだんだんわかってきたら、できないと判断したときに断るのは仕事をするうえで大切なことです。

とはいえ、実際には仕事を断る余裕のある人は少ないのではないかと思います。

ですが、断らずとも、引き受けた仕事の中で、自分なりの軽重をつけ、優先順位を決めていくことは絶対に必要です。

優先順位をつけることの必要性については、佐藤一斎は次のような言葉で述べています。

「事物《じぶつ》に応酬《おうしゅう》するには、当《まさ》に先《ま》ず其《そ》の事《こと》の軽重《けいじゅう》を見て而《しか》る後《のち》に之《これ》を処《しょ》すべし。（晩・153）」

優先順位の高いものをやっているうちにたいていは状況が変わっていきます。重要な問題を解決すれば、瑣末《さまつ》な問題は自然と解消されてしまうことも多く、結局は全部やらなくてもいいということもあります。でも、状況が変化していくからこそ、常に自分にとっての優先順位を考えて物事をこなしていくということが大切なのです。

では、どのように優先順位を決めればいいのでしょう。

私が思うに、早くできるものというのは自分に向いていることです。そして、自分にとって手早くこなせるものを優先していくと、その種のものが自分の仕事として集まってきます。似たような仕事が集まり、数をこなしていくと、その分野での経験知が増えていくので、いよいよ得意になっていきます。

ただし、やはり若いうちはあまり自分はこれが得意と決めてしまわず、いろいろな仕事にチャレンジすることをお勧めします。なぜなら、仕事というのは、どのようなものでも量をこなすことでうまくなっていく側面があるからです。

「人に接すること衆多《しゆうた》なる者《もの》は、生知《せいち》、熟知《じゆくち》を一視《し》し、事《こと》を処《しよ》する錬熟《れんじゆく》なる者は、難事《なんじ》、易事《いじ》を混看《こんかん》す。（晩・206）」（多くの人に接している人は、少ししか知らない人もよく知っている人もまったく同じようにみてゆくものである。また、事務に馴《な》れ熟している人は、難しい事も易しい事も、同じようにみて処理していくものである）

若いときにうまくいかなかったからといって、好き嫌いでその仕事を避けてしまうと、熟練する機会を失い、成長の機会を潰《つぶ》してしまうことになりかねません。ですから、若いうちはどんな仕事でもまず量をこなしてみることも重要です。すると、ある段階から、物事の優先順位が見えてくるようになるはずです。

私の生徒でも、最近は人前で発表することにストレスを感じる人も多いのですが、嫌がっていてもディスカッションなどをどんどんやらせていると、次第にみんな麻痺《まひ》してくるというか、慣れて本人も楽になっていきますし、技術も上がっていきます。何事においても量をこなしつつ、それを質に転換していくことが大事なのではないでしょうか。

目の前のことから「料理」する

人《ひと》の事《こと》を做《な》すは、目前《もくぜん》に粗脱《そだつ》多く、徒《いたず》らに来日《らいじつ》の事《こと》を思量《しりよう》す。譬《たと》えば行旅《こうりよ》の人の齷齪《あくそく》として前程《ぜんてい》を思量《しりよう》するが如《ごと》し。太《はなは》だ不可《ふか》なり。人は須《すべか》らく**先《ま》ず当下《とうか》を料理すべし**。（後略）（後・107）

人が物事をなすに当り、目前の事に手ぬかり多く、徒らに将来の事を思いめぐらしている。たとえば旅人があくせくと行先を考えるようなもので甚《はなは》だ宜《よろ》しくない。人はまず眼前の事を処理すべきである。

「人は須《すべか》らく先《ま》ず当下を料理すべし」

料理すべしというのが、なかなかおもしろい表現ですが、要は過去のことや未来のことを思いわずらうのではなく、いま目の前にあることを処理することに専念しなさい、ということです。

先ほどの優先順位をつけるという話とセットにしておくことが大切で、やる・やらないの基準でやると判断したら、今度はあえて後先のことを考えず、目の前のことをこなすことで、うまく仕事は進んでいくのです。

目の前のことをこなしていくための方法はいろいろあると思いますが、私が実践しているのは、やらなければならないことのリストにチェックを入れるための□印（チェックボックス）を書き込むという方法です。

不思議なもので、この小さな四角があるかないかで、仕事の効率が大きく違ってくるのです。

私も最初は、ただ単にやらなければならないことをリストアップするだけだったのですが、それだと取りかかるきっかけがなかなか摑めませんでした。ところが、チェックボックスがあると、そこに無性にチェックを入れたくなるので、次々と仕事に手がつくのです。

さらに、一つひとつが赤のチェックで埋まっていくと、後ろ向きだった散漫な気持ちがどんどん前向きなものに変わっていくという相乗効果もあります。

究極を言えば、世の中とか人生といっても、私たち一人ひとりには「いま」という時間しか存在しません。いまここしかないのに、過去や未来を思いわずらってしまうと、それによって大切ないまが食い尽くされてしまう。だからこそ禅の修行では、「いま」を強く意識させるのです。

過去や将来に束縛されるのではない。いまだけを意識して、いまを生きる。

わざわざ過去や未来に思いを馳せなくても、いま目の前のことを一つひとつ処理していれば、未来は自然と見えてきますし、過去の意味も次第にわかってくるでしょう。

将来が不安なときも、あるいは問題が多すぎてパニックになりそうなときも、不安や問題を克服して進んでいくためには、いま目の前にある直近の問題に集中し、まずはそれをきっちり克服するしかありません。

ですから、この「先ず当下を料理すべし」という言葉は、厳しいときほど思い出していただきたい言葉なのです。

トラブルは早めに処理せよ

凡《およ》そ事《こと》を処《しょ》するには、須《すべか》らく平平穏穏《へいへいおんおん》なるを要《よう》すべし。人の視聴《しちょう》を駭《おどろ》かすに至《いた》れば、則《すなわ》ち事《こと》は善《よ》しと雖《いえど》も、或《あるい》は小過《しょうか》に傷《きず》つく。（後・170）

およそ事を処理するには、出来るだけ平穏のうちになすべきである。人の耳目《じもく》を驚かすようになると、その事は善《よ》いとしても、あるいは小さな過失を犯してきずつくものだ。

仕事においても日常生活においても、問題は、その影響が大きくなってからでないと気づきにくいものです。けれども問題が大きくなった後では、対処も難しいことが多いのです。

私の知り合いの弁護士さんは、「一番大事なのは、できるだけ早く相談にきてもらうことだ」と言っていました。

時間が経《た》って、物事が複雑化すればするほど、打つ手が限られてきてしまうし、トラブルの中で言ってしまった言葉や、やってしまった行動が前提になって物事が動いていってしまうので、解決はどんどん難しくなっていくからです。

そもそもトラブルというのは、もうすでに拡大してしまっているからトラブルになっているのです。実際、早めに手を打っていれば、トラブルにならずに済んだのにということは、たくさんあります。

たとえば、大学のゼミである学生がミスをしたとしましょう。ちょっと注意をしておこうと呼び出したのにこない。すると、このこなかったことによって先生の心証を悪くしたり、問題がこじれたりしていきます。そして学生が問題解決を先送りにすればするほどトラブルは大きくなり、最後にはものすごく面倒なことになってしまうのです。

つまり、弁護士に相談しなければならないような問題に限らず、問題というのはどんな種類のものでも、できるだけ早く手を打つことが大切だということです。会社でなら、何か問題が起きたときに、なるべくそれが小さいうちに上司や取引相手に報告することです。結局は、そうしたことが逆に信頼につながるものです。

手を打つのが遅れたがために、大規模なリコール問題に発展するケースなどは、まさにその典型です。

特に、最近はネットなどの影響によって、透明性を極端に要求する社会になってきているので、いち早く手を打つことがより一層求められるようになっています。昔だったらたいした問題にならなかったことが、いまでは企業の命取りになってしまう、ということもあり得ます。

もう一つ、どうせ手を打つのなら、最初から出し切れるだけ出し切ってしまうということも重要です。透明さが求められている現代では、後から新事実が出てくることが、さらに問題を大きくし、長引かせることになるからです。

できるだけ早期に、そして、出し切れるだけ出してしまう。これがトラブル処理の鉄則なのです。

急ぎの文書ほど、ゆっくり考えろ

火急《かきゅう》に文書を作るには、須《すべか》らく**必ず先《ま》ず案を立て稿《こう》を起《おこ》して、**而《しか》る後《のち》、徐《おもむろ》に更《あらた》め写《うつ》すべし。卻《かえ》って是《こ》れ成《な》ること速《すみや》かにして悞無《あやまりな》し。（後・193）

大急ぎで文書を作るには、必ず立案して草稿をまとめ、その後、改めてゆっくり写すがよい。この方が かえって完成も早く、誤りもない。

文章を書くとき、頑張って一行目から書きはじめようとする人が多いのですが、この方法はあまりよい方法とは言えません。なぜなら、一文目に悩みすぎますし、書いている途中でもどういう展開で進めるか迷ったりして、時間がとてもかかってしまうからです。

私は、文章を書くときは、それが四〇〇字でも八〇〇字でも、原稿用紙一〇〇枚でも、まずはメモ書きで、いくつかのキーワードを中心に、構成を考えるということをします。これだとメモ書きの段階で「迷い」を終わらせることができるので、スムーズに書き進めることができます。

もう一つ、私が書きはじめる前にやっておくのが、最後の一文を決めておく、ということです。

たとえば、出版業界から「読書について」という文章を原稿用紙三枚程度で依頼されたとしましょう。そうしたとき、私が最初にするのは、実はタイトルと最後の一文を決めてしまうことなのです。

この場合、テーマは読書です。

まず、読書の未来は明るいか暗いかということで言えば、多くの人は本の未来は暗いと思っています。そこで、本当にそうなのかな、と考えます。依頼主は出版業界なのだから、できるだけ明るい材料を探してみようと思ったとき、探す前に私は「ということは、『本の未来は明るい！』としか言いようがない」という一文で、この文章を締めくくると決めてしまいます。

結論を決めてしまってから、その材料を探すのです。なぜなら、そのほうが効率がいいからです。やってみるとわかりますが、結論がない状態で探すより、こういうことを言いたいというものがある状態で探したほうが、余計なものを見る手間が省けるので、早く目的の材料を見つけることができます。

そうして、こんなに明るいじゃないと言える材料が三つくらい見つかったら、もうゴールも決まっているのですから、落ち着いて書きはじめられます。

最初の一文に凝《こ》る人もいますが、最初の一文というのは、疑問形で始めたり、少し気が利いていたり、読者の注意を引くことができればいいのです。

ところが最後の一文というのは、文章全体を決めることになるので、実はとても重要なのです。タイトルも、最後の一文が決まってしまえば、その一文にまつわるかたちでつければいいので、ぐっとつけやすくなります。先の例で言えば、タイトルはストレートに「本の未来は明るい」でいいでしょう。

いま言われている潮流と少し違う角度のものを、最後の一文として見つけられれば、そこに至るまでの展開は、少々強引さが感じられるぐらいのほうがおもしろくなります。「だって本ってなくなるんだろ」とか「本はキンドルに取って代わられてしまうのでしょ」といった意見が優勢なときに、「いやいや、実はね」といった感じで明るい材料をちりばめていくのです。

ですから、文章を書くときは、まず最後の一文を先に決めておいて、それを支える材料を三本の積み木よろしく組み合わせて、その上に決めておいた最後の一文をのせるといいのではないでしょうか。

私はいつもそのパターンでやっています。

攻めているほうよりも守っているほうが上である

攻《せ》むる者《もの》は余《あま》り有りて、守る者は足《た》らず。兵法《へいほう》或《あるい》は其《そ》れ然《しか》らむ。余《よ》は則《すなわ》ち謂《い》う、「守る者は余り有りて、攻むる者は足らず」と。**攻めざるを以《もつ》て之《これ》を攻むるは、攻むるの上《じょう》なり。**（後・195）

攻撃する方には余力があり、守るものには力が足りない。これは兵法ではそうかも知れない。しかし自分は「守る者は余裕があって、攻勢に出る者はかえって力が足りない」といいたい。攻めないで、攻むると同じ効果を挙げれば、これこそ攻め方の最上なりと考えるからである。

佐藤一斎は、孫子の兵法が好きだったらしく、儒学ではあまり見られない「戦い」に関する言葉も言志四録には数多く見られます。

この文章のポイントは「攻めざるを以て之を攻むるは、攻むるの上なり」という最後の部分です。

攻めずに、攻めるのと同じ効果をあげる。

実はこれは、『言志四録』を愛した西郷隆盛の得意技でした。彼は、戦わずして相手の首を真綿《まわた》で絞めるように追い込んでいくというのを得意の戦術としていたのです。

昭和時代、大山康晴《おおやまやすはる》という将棋の大名人がいたのですが、彼もまた、攻めずに勝つのを得意とした人物でした。

大山康晴のすごさは、「受け」にありました。彼の将棋は、攻めずに、とにかく受けて、受けて、受けていくのです。そうしてひたすら受けているうちに、相手が力尽きて勝手に果ててしまうのです。

こうした強さには、昔の剣の達人の強さと相通ずるものがあります。昔の剣の達人は、どこから攻めていいかわからない、攻めてくるわけではないが、攻め込むすきがないという強さを持っていました。

かつて西武ライオンズの監督をしていた森祇晶《もりまさあき》氏は、日本シリーズでは、三回までは負けていいんだというふうに計算して始めると言っていました。四回勝つのではなくて、三回まで負けることができる。日本シリーズでも棄《す》て試合をつくる。普通はみんな焦《あせ》ってしまって、そんなことはできません。

スポーツにしても将棋にしても「受ける」ということを追求していくと、物事を落ち着いて見られるようになります。

攻めているときというのは、人は、状況を見ているようであまり見ていません。そのため相手を攻めているつもりでひたすら突き進んでいても、気づいたときにはコロッと負けてしまっていたということがあります。

実を言えば、若いときの私はまさにそのタイプでした。

若いときの私は攻め一方の人間だったので、将棋でも何でも、勝負事はすべて、一気に攻めることとしか考えていませんでした。そんな私の将棋は、とんでもない負け方をすることがよくありました。攻めることとしか考えていないので、攻めが尽きたときには状況は最悪になっているのです。ひどいときには、気がついたら、自分の王将を守る駒が一つもなかったということもありました。

将棋は攻めと守りのバランスを常に考えていなければ勝てないゲームです。どんなに攻めがうまくても、どんなに守りが堅くても、それだけではコンスタントに勝ちつづけることはできません。そのため、本当にうまい人の一手というのは、攻めることが同時にいい受けになっており、守る手がすなわち攻めにもなっているのです。
羽生善治《はぶよしはる》氏をはじめ将棋の名人の言葉は、現代でも多くの人から普遍性をもって受け取られていますが、それは、攻めの気持ちで受け、受けの気持ちで攻めるという将棋の極意に、人生の極意に通じるものがあるからだと思います。

利害の調整をうまくせよ

財《ざい》を賑《にぎ》わすは租《そ》を免《めん》ずるに如《し》かず。**利《り》を興《おこ》すは害《がい》を除《のぞ》くに如《し》かず。**(晩・131)

国民のふところを豊かにするには、租税を免じてやるに越したことはない。利益になる仕事を始めるよりは、害になるものを取り除くに越したことはない。

利益を出すには、マイナスを取り除くのが一番だというのは、なかなか合理的なやり方です。本当に自分の利益を考えるなら、儲けようとするより、害を減らすことを考えたほうがうまくいきます。

実際、企業が利益を上げるには、売り上げを伸ばすよりも、まずは不採算の事業を改善したり、やめたりすることのほうが効果があります。

これは人間関係でも同じで、たとえば、つきあっている男性がいるけれども、その男がだめでろくに働かず、金ばかり使っている。別れたいけれど、たまにやさしくしてくれるから何となく続いている、なんてことがあったとしましょう。

このままだと人生がだめになるかもしれないと思ったときに、どうするべきかといえば、害を取り除くこと、つまり、つきあっている男性ときっぱり別れることなのです。

このとき、利のほうばかりを考えると失敗します。

確かに、その男性と一緒にいて楽しいときもあるかもしれません。その「一緒にいると楽しいときもある」という利を見てしまうと、本当に大切なことは何なのかがわからなくなり、総合的に見たときの害、つまりその男性とつきあっているということを手放せなくなってしまうからです。害を残したまま、利だけ増やそうとしても、それは無理なのです。

もう一つ、害を取り除く場合、重要となるのが交渉です。

先ほどの例でも、一口に別れるといっても、相手がストーカーになってしまったり、恨《うら》みを残されたりしても困るので、どのようにしてその男性と別れるかはとても重要ですし、仕事の局面では、交渉によって、利害をうまくやりとりすることが求められます。

たとえば、自分の仕事の中で、これをやっているだけで仕事が全部嫌いになる、という仕事があったとします。そうしたとき私は、無理をしないで、「すみませんが、この部分の仕事だけ解放してもらう代わりに、これをやらせてもらっていいですか」というかたちで交渉することにしています。

この交渉を成功させるカギは、自分にとっての害をどのようにして相手にもらってもらうか考えるのではなく、相手の害の中で、自分にとって害にならないものは何か見つけだすことです。

その人にとっては面倒なことでも、自分には苦にならない仕事というのは意外とあるものです。それをうまく探して、あなたの嫌なことを引き受けるから、代わりに私の抱えているこれをもらってくれない、と交渉すると、結構な確率でうまくいくのです。

やりたくないことを、苦にならないことと交換してもらえるよう頼むのですから、わらしべ長者みたいなものです。

具体的な例を一つ挙げると、私にとっては教育実習の担当がそれに当たります。

教育実習の担当というのは、トラブルが多いので面倒くさがる人が多いのです。私も最初は嫌いだったのですが、何度かやってみると、最近の学生はどういうものなのかということが骨身に染みてわかるので、むしろおもしろく感じられるようになったのです。

こうなるともうしめたものです。

私は自分が苦にならない教育実習を引き受ける代わりに、他のどうしても苦手な仕事を人にしてもらう。両者にとって得になります。

何が「害」なのかは、人によって違います。

多くの人は嫌がるけれど、自分にとっては苦にならない。そういうものを持っていると、利害の調整はぐっとしやすくなるのです。

「思う」から「工夫」へ

> 心《こころ》の官《かん》は則《すなわ》ち思《おも》うなり。**思うの字**は只《た》だ是《こ》れ**工夫《くふう》の字**のみ。思えば則《すなわ》ち愈《いよいよ》精《せい》明《めい》に、愈《いよいよ》篤実《とくじつ》なり。其《そ》の篤実《とくじつ》なるよりして之《これ》を行《こう》と謂《い》い、其《そ》の精明《せいめい》なるよりして之《これ》を知《ち》と謂《い》う。知行《ちこう》は一の思うの字に帰《き》す。（後・28）

心の役目とは思うということである。思うということは、道の実行について工夫を重ねることである。思えばそのことについてますますくわしく明らかになり、いよいよまじめに取り組むようになる。その真面目に取り組む方面からみて「行」といい、その精通する方面からみて「知」という。したがって、「知」も「行」も結局は「思」の一字に帰着する。

私たちは普段、「思う」という言葉をよく使っていますが、この文を読むと、いかにきちんと「思う」ということをしていないか反省させられます。

この文で佐藤一斎は、思うとは、何かをやろうというときに工夫を重ねることだと語っていますから、彼の言う「思う」とは、我々にとっては「考える」、さらには「考えて、それを実行に移す」ことに近いのかもしれません。

そもそも、最近は「考える」ということができなくなっている人が増えてきているように感じます。

というのも、少し考えてみろと学生に言っても、考えるという作業がうまくできない学生が多いのです。彼らからすれば考えているつもりなのかもしれませんが、私から見ると、ただ何となく「思って」いるだけで、フィーリングと変わりません。

そこで最近は、考えるときは紙に書くようにアドバイスしています。紙に書いてステップを踏むと、「思う」が「考える」に変わるからです。同じ理由で、文章にするようにと指示すると、思うから考えるに変わります。

そして、これらの方法より効果が高いのが、単に考えろと言うのではなく、「工夫を言ってみなさい」と言うことなのです。

何かの問題を提示して、「どう思う?」と聞くと、返ってくる答えは「よくないですね」という程度のものにしかなりません。これでは思うことすらしていない、単なるフィーリングです。

よくないのなら、ではどうすればいいのか。自分ならどのようにするのか。そこを具体的に示さなければ、考えているうちには入りません。それを考えさせるためには、「工夫」という言葉から始めてみてはどうでしょうか。

そこでもう一歩突っ込み、「それについてどういう工夫をすればよくなると思う?」と聞くのです。すると、やっと具体的な方法を考えるようになります。

ですから、きちんと考えるために、これからはもっといろいろな場所で「工夫」という言葉を使っていくべきです。

ただ、佐藤一斎の言葉に照らすと、私の言う「思う」から「考える」のステップすらも、「思う」に過ぎないことになります。工夫はただ頭の中で考えるだけのものではなく、実行へつながらなければならないものだからです。

日ごろから簡単に「思う」という言葉を使うことで、それだけ言葉の持つ意味が軽くなってきているということなのかもしれません。

「忙しい」の九割は無駄な仕事

今人《こんじん》率《おおむ》ね口に多忙《たぼう》を説《と》く。其《そ》の為《な》す所を視《み》るに、実事《じつじ》を整頓《せいとん》するもの十に一二。閑事《かんじ》を料理するもの十に八九、**又《また》閑事を認めて以《もっ》て実事と為《な》す。**宜《うべ》なり其の多忙なるや。志《こころざし》有る者誤《あやま》って此窠《このか》を踏むこと勿《なか》れ。（録・31）

今時の人は、口ぐせのように忙しいという。しかし、そのしているところを見ると、実際に必要なことをしているのは十の中の一、二に過ぎず、つまらない仕事が、十の中の八、九である。そして、このつまらない仕事を必要な仕事と思っているのであるから、これでは忙しいのももっともなことだ。本当に何かしようとする志のある者は、こんなあなに入り込んではいけない。

現代人は時間に追われ、などと言いますが、幕末の当時から「今時の人は……」などと言われていたのですから、これは、いつの時代も変わらないのかもしれません。

忙しい、忙しいと言っている人でも、やっていることを整理したら、本当に必要なことは、十やっている中の一つか二つで、あとはつまらないことを必要なことだと思いこんでいるだけだ、と言うのですからなかなか手厳しい言葉です。

仕事量が多いというのは達成感もあって、終えてみれば満足感のあるものです。しかし、時には、本当にその仕事は自分に必要なもの、自分がやるべきものだったのかと考えてみることも必要ではないでしょうか。

準備のための準備だったり、手続きのための手続きだったり、よくよく考えれば、必ず無駄なものがあるからです。必要以上に完成度を上げようとするのも、仕事全体から見れば、もしかしたら「無駄」かもしれません。

そんなふうに言うと、気が滅入ってしまうかもしれませんが、逆に考えれば、本当にやるべきことは、いまやっていることの一つか二つでいいんだと考えれば、いまの忙しい生活を少し見直すことができるということでもあります。

無駄は無駄と認識して排除しようとしない限り、なかなかなくなりません。

ですから、本当に必要なことだけをガシッとやりたいと思うなら、まずは、そういう意思を持つことです。そして、みんながそういう意思を持てたとき、社会全体の無駄も簡略化されていくのです。

つまり、この佐藤一斎の言葉は、意思決定というもっとも重要なものに、人はもっとエネルギーを割《さ》くべきだということと、そのためには、いまの自分の行動を振り返って何が本当に必要なことなのか見極めることだという、一つのアドバイスと言えます。

過去よりも現在の過《あやま》ちに目を向けよ

昨《さく》の非《ひ》を悔《く》ゆる者は之《こ》れ有り、今の過《あやまち》を改《あらた》むる者は鮮《すく》なし。（録・43）

過去の非を後悔する人はあるが、現在していることの非を改める人はすくない。

これは、過去ではなく、いまの過ちに焦点を絞れという、なかなか切れ味のいいアドバイスの言葉です。

しかし、いま非を認めるというのは、自分を否定してしまうことになりますし、時間が過ぎれば……という甘えも出てきて、なかなか難しいものです。

そこで提案したいのが、いまの行ないの結果を過去として見てみる、という方法です。

このように言葉にするとなにやら面倒そうですが、これは一つのシミュレーション法なので、慣れればかなり簡単にできるようになります。

どのようにするかというと、たとえば受験生なら、いまの勉強法をこのまま続けていたとき、入試の結果がどうなるか想像し、落ちたときにどう思うかを、過去を振り返るように見るのです。

私たちは、未来のことについて、いいイメージを描くシミュレーションはよくしますが、悪い結果を思い描くことはあまりしません。でも、あえて悪い結果をイメージし、それを過去のものとして見ることで、いまの過ちに気づくことができるのです。

いまのやり方を続けていって、入試に落ちたら、そのとき自分はどう思うでしょうか。これだけのことをやった結果が失敗なら仕方ないと思えるでしょうか。

もし、「ああ、あのときもっとこうしておけばよかった」と思うようなら、いまやっているこのやり方は間違っており、その間違いを認めてはいないけれど、すでに気づいているということです。

現在、あるいは未来だと思うと見えないことも、一度先取りして、過去のものとして振り返ると、物事を冷静に見ることができるので、見えなかったものが見えてきます。

多くの場合、いまやっている方法の問題点というのは、自分自身わかっているのです。わかっているけれど、未来はこうあってほしいという思いが邪魔して、はっきりと見ることができないだけなのです。

皆さんも、失敗したとき、「しまった、あのときこうしておけば」と思うことがあるはずです。失敗した瞬間にそう思うということは、実は自覚していなくても、失敗の原因に気づいていたということです。その本当は見えていたのに見ようとしていなかったものを見る方法、それが未来を過去として見るシミュレーションです。

上手に下がれ

得意《とくい》の時候《じこう》は、最《もっと》も当《まさ》に退歩《たいほ》の工夫《くふう》を著《つ》くべし。一時《じ》一事《じ》も亦皆亢龍《またみなこうりよう》有り。
（録・44）

思いがかなった時こそ、一歩さがる工夫をすべきである。時間的にも、事柄的にも、昇りつめた龍、つまり、尊貴を極めたものは、退歩を考えておかないと必ず敗滅《はいめつ》の悔《くい》があるものである。

これは、「順境にいるときこそ逆境を忘れてはいけない」ということです。

人はうまくいっていると調子に乗ってしまうものです。でも、往々にして崩壊は調子に乗っているときにすでに始まっています。

健康を害するのは、自分は健康だと調子に乗って無理をするからだし、企業における不祥事のようなトラブルが起こるのも、業績が伸びているときに「これぐらい大丈夫だろう」という気のゆるみが生じるからです。

だからこそ、別のところで「進歩中に退歩を忘れず。（後・59）」と書いているように、物事がうまく進んでいるとき、調子よく拡大しているときこそ、退《しりぞ》きかたを考えておくことが必要なのです。

この「退きかた」を間違えると、好調の極《きわ》みからでも一気に真っ逆さまということがあります。株などはまさにその典型です。株で大損する人の多くは、調子がいいからと舞い上がって引き際《ぎわ》を間違えてしまった人です。株で上手に儲けている人は、常にいつ退くかを考えています。

もちろん人生には、いけいけどんどんで行く時期があっていいと思いますが、上りつめたものは必ず落ちるのが自然の理なのですから、どうせ落ちるのならば、いつ、どのような形で下降していくのがいいのか考えることは絶対に必要です。

それに、順境にあって退歩を考えている人は、精神的に舞い上がらなくて済むので、致命的なミスを犯しにくくなります。

そもそも、順境とか逆境といいますが、佐藤一斎は「天下の事固《こと も》と順逆《じゅんぎゃく》無く、我が心に順逆有り（耋・133）」と言います。すなわち、順境とか逆境は、自分の心が生み出したもので、本来は物事に順逆はないのです。

このように見ていくと、佐藤一斎の言葉というのは、どれもそれほど目新しいものではないことに気がつきます。実際、言志四録には、もちろん彼自身が工夫した言葉もあるのですが、これは自分が考えた言葉だと誇っているところは一つもありません。

彼がもっとも重視しているのは、オリジナリティではなく、それが本当に役立つ言葉なのかどうかだからです。

私たちはついつい目新しい言葉や概念に飛びつきがちですが、佐藤一斎の言葉を通して、時間の蓄積がある、しっかりとした言葉の価値を知っていただきたいと思います。

利益を得ることが悪いわけじゃない

利は天下公共《こうきょう》の物《もの》なれば、何《なん》ぞ曾《かつ》て悪有《あ》らん。但《た》だ自《みずか》ら之《これ》を専《もっぱら》にすれば、則《すなわ》ち怨《うらみ》を取るの道たるのみ。（録・67）

利益は天下の公共物で、利を得ることは悪いことではない。ただ、自分一人で独占することは、他人から怨《うら》まれるやり方で、宜《よろ》しくない。

儒学は、お金や商売をわりと下に見る傾向があるのですが、ここではっきりと「利益」自体は悪いものではないと明言しています。悪いのは利益そのものではなく、その利益を独占してしまうことだというのです。これは、マックス・ウェーバーが述べた、プロテスタントの考え方と資本主義の関係とも共通するところがあります。

この言葉は、現代だからこそ強く噛《か》みしめてもらいたい言葉の一つです。

なぜなら現代は、やり方によっては、ある一部の人だけが利を独占するということが起きやすい社会だからです。

インターネットが発達し、世界中の情報を瞬時にして手に入れられるようになると、その情報を握ったものが、現実の世界における利益をも一手に握るという傾向が高まりました。IT業界などは、その最たるものです。

さらに、各家庭にパソコンが普及したいま、それまで個人と企業、また生産者などの間にあった多くのものを全部とばせるようになりました。

それはある意味、とても便利なことではあるのですが、視点を変えれば、間《あいだ》がなくなるということは、それまで間にいてそこで利益を得ていた人たちの仕事もなくなるということでもあります。

たとえば、昔はメーカーと個人消費者の間には、問屋や小売店がありました。それがいまは、メーカーから直接購入できるようになっています。こうした「直販」が増えているのは、問屋や小売店を介さない分、消費者は安くものが購入できるし、メーカーも利益が増えるからです。

でも、ちょっと考えてみてください。その利益はどこからきたのでしょうか。

消費者とメーカーが得た利益は、問屋と小売店から失われた利益です。

多くの人は、「それで安く済むならいいじゃないか」としか思っていませんが、結果的にはそれによって多くの人が職を失い、経済の停滞を招く一因となっている面もあります。

確かに問屋や小売店が間にあると、物の価格はある程度高くなってしまいます。でも、それで世の中がスムーズに回っていくのなら、そのほうが自然な仕事のあり方だと私は思います。

最近、完全失業者を減らす対策の一つとしてワークシェアが注目されていますが、問屋や小売店がある社会というのは、まさにシステムとしてのワークシェアだったと言えるのではないでしょうか。
失業率の増加の問題は、特に若者たちの間で深刻です。そのため、将来に対する悲観的な声も聞かれます。もちろん、こうした問題に対する対策や、経済をよくする努力を怠《おこた》ってはいけませんが、私たちは経済的な苦境をただ嘆《なげ》いているだけでよいでしょうか。佐藤一斎はこう言っています。

富貴《ふうき》は譬《たと》えば則《すなわ》ち春夏《しゅんか》なり。人の心をして蕩《とう》せしむ。貧賤《ひんせん》は譬《たと》えば則《すなわ》ち秋冬《しゅうとう》なり。人の心をして粛《しゅく》ならしむ。故に人富貴《ふうき》に於《お》いては則《すなわ》ち其《そ》の志《こころざし》を溺《おぼ》らし、貧賤《ひんせん》に於《お》いては則《すなわ》ち其《そ》の志を堅《かた》うす。（録・41）

金持ちとか身分が貴いとかは、喩《たと》えると、春や夏の気候のようなもので、人の心をとかす、すなわち怠けさせる。貧乏であるとか、身分が低いとかは、喩えば秋や冬の気候のようなもので、人の心を引きしめる。すなわち人は富貴にあってはその志を薄弱にし、貧賤にあってはその志を堅固にする。

人生に訪れる貧富を季節にたとえ、それぞれの時期を過ごす心構えを説《と》いています。

一生お金持ちでいられればそれに越したことはないのかもしれませんが、そういう人生を送れる人は稀《まれ》です。たいていの人は、若いときに貧しい時期を経験します。

そのときに貧しさを、志を堅くするチャンスにするか、それとも貧しさにかまけて茫漠《ぼうばく》とそのときを過ごしてしまうかで、その後の人生は大きく違ってきます。

先に、好調のときにすでに崩壊は始まっているというお話をしましたが、富貴も貧しさの中ですでに生まれているのです。貧しさの中で、あえてそれをチャンスとして志を堅くすることができた人が、三十代、四十代で大きく成長していくのです。

そう考えると、ここで紹介した二つの言葉は、前者は富める時期の戒めとして、後者は貧しきときの心構えとして、セットで覚えておくことをお勧めします。

できる人は大局観を持っている

将《まさ》に事《こと》を処《しょ》せんとせば、当《まさ》に先《ま》ず**略其《ほぼそ》の大体如何《だいたいいかん》**を視《み》て、而《しか》る後漸漸《のちぜんぜん》に以《もっ》て精《せい》密《みつ》の処《ところ》に至《いた》るべくんば可《か》なり。（後・62）

事件を解決しようとするには、まずそれが大体どうなっているかを調べ、その後、段々と細かな所に突き進んで行くのが、一番宜《よろ》しい。

まず大局的なところを見て、それから細かいところに入っていく。

この文章では「事を処せん」というのですから、事件や問題を解決するための最良の方法として紹介しているのですが、実は、これはいまで言う「交渉術」の話なのです。

たとえばプレゼンテーションをするとき、いきなり細かいところを説明してしまうと、結局何を言いたいのかが伝わりにくくなります。よいプレゼンテーションというのは、まず肝心なところを素早く説明して、大体の骨子を理解してもらったところで、細かいところに言及していきます。

上司とのコミュニケーションがうまい人も、実はこれをやっているのです。

上司は通常、何人もの部下を抱えて忙しいので、報告や質問は簡潔にしなければ、もたもたしたヤツだなと思われてしまいます。

以前、射手矢好雄《いてやよしお》さんという国際弁護士の方との共著で『ふしぎとうまくいく交渉力のヒント』という本を書いたとき、交渉を成功させるポイントを「利益」と「オプション」と「BATNA《バトナ》（Best Alternative to Negotiated Agreement／交渉決裂時の最善の代案）」の三つに絞るとわかりやすいと学びました。

この三つのポイントを押さえておくことが、「大局観」を持つということです。

利益というと、すぐにお金をイメージしがちですが、交渉における利益は必ずしもお金とは限りません。交渉の場における本当の利益とは、「どうしたいのか」という最終的な目的と、「これだけは譲れない」という絶対条件です。これがわかっていないと、交渉は絶対にうまくいきません。

たとえば、最終的な目的が結婚したいということであっても、どこまでなら我慢できるのかとか、どのような人ならいいのかという譲れないものがわかっていないと、交渉は失敗します。

先日、キリンとサントリーの合併交渉が決裂したというニュースが流れていましたが、あれがもし報道通りの内容だったとすれば、あれは利益を見誤ったがゆえの決裂だったと言えます。

なぜなら、決裂した理由として挙げられていた創業家の権限や持ち株比率というのは、誰が見てももっとも大事なところだからです。その大事なところで合意できていなかったということは、最初に双方の利益の確認ができていなかったということです。

また、交渉というのは必ず相手がいるものなので、双方が自分の利益を主張してぶつかるのが普通です。そうしたときに必要となるのが「BATNA」です。交渉が決裂した場合の、次善の案を持っておく。そうすることで、落ち着いて交渉に臨めますし、自分の本当の利益は何かを考える余裕を持つことができます。

こうした大局観を持つことで、交渉事をよりスムーズに解決へ導くことができるのです。

視点移動で見えないものが見えてくる

著眼《ちやくがん》高ければ、則《すなわ》ち理《り》を見て岐《き》せず。（録・88）

出来るだけ大所高所に目をつければ、道理が見えて、迷うことがない。

人は、自分の利益を自分の快楽にだけ直結させていると、どうしても視野が狭くなっていきます。ですから成長するとともに、意識的に視点を少しずつ上へ持っていくようにすることが大切です。

そうして視点が高くなれば、全体と自分の関係が見えてくるので、自分の利を捨ててでも全体にとって利となることをするのが、最終的にはプラスになるのだということがわかるようになるからです。

つまりこの言葉は、人が成熟するとは自己中心性を離れることだと教えているのです。

西郷隆盛はこの言葉をとても好んだと言います。

彼がこの言葉を好んだということは、自分も視点をだんだんと上げていき、より高い位置から広範囲を見ることで、自己中心性を乗り越えたいと願っていたからなのでしょう。そして、そうした視点の高さ、俯瞰《ふかん》する力を目指す彼の精神性の高さに、周囲の人たちは西郷の人としての大きさを感じたのだと思います。

確かに、より高い視点を持つことをいつも心がけていると、狭いところでの議論では見えなかったものが見え、他の人が気づかない大切なポイントを提示することができるようになります。

でもこうした高い視点は、世阿弥《ぜあみ》が『花鏡《かきよう》』の中で語っている「離見《りけん》の見《けん》」のようなもので、練習しなければ身につかない一つの「技」のようなものです。

では、どうすればこの技を身につけることができるようになるのでしょう。

もっとも簡単なのは、いろいろな人の視点に立ってみる訓練をすることです。

たとえば、夏目漱石の『こゝろ』で言えば、この作品の中に描かれているのは、先生の視点と、弟子である私の視点の二つだけです。でもこの小説にはあと二人、先生の友人のKと、先生の奥さんが登場します。そこで、この二人、それぞれの視点から、出来事を見直してみるのです。

先生は、Kが自殺したことで、自分が友人のKを裏切って恋人を得たことに自責の念を感じ苦しみます。では、裏切られたKはどう思ったのでしょう。

また、作品ではわりと蚊帳《かや》の外に置かれていますが、身近な男性二人に自殺されてしまった奥さんはどう思ったでしょう。

いろいろな視点から見てみると、四人の中で一番納得できないのは奥さんだったのではないか、と思えてきます。

そもそもああいった問題は、奥さんを交《まじ》えて三人で話し合っていれば、こんなドロドロとしたことにならずに済んだはずなのです。ということは、男二人が変な友情とか変な裏切りでごちゃごちゃしたおかげで、ひとりの女性が訳《わけ》もわからないまま悲しい思いをすることになってしまったということです。

したがって、これは二人の男性の悲劇なのではなく、二人の男性からひとりの人格として扱ってもらえなかった女性の悲劇である、という見方が成り立ちます。

このように視点を移動させると、それまで見ていたものとは異なる「理（道理）」が見えてきます。

これは横移動なので、佐藤一斎の言っている大所高所への視点の移動とはすこし違うのですが、視点の幅が横に広がっていけば、それだけ見える範囲が広がっていくので、結果的には上から見たのと同じ効果が得られるというわけです。

ちなみに、成熟すると自己中心性を離れるというのは、個人に限らず、企業にも言えることです。

最近、顧客のクレームをとても大切なものと考える企業が増えています。中にはクレームにお金を払う企業もあるほどです。

クレームの中には、自分勝手なものやたちの悪いクレーマーのものもありますが、企業が成長するのにとても大きなヒントとなる貴重なものもあります。クレームを買っている企業というのは、そうしたクレームの価値の大きさを知っているので、価値のないものが含まれていることも承知のうえで、大局的な観点からクレームに投資しているのです。

「予測力」が実力を左右する

聖人《せいじん》は事《こと》を幾先《きせん》に見る。事の未《いま》だ発《はっ》せざるよりして言えば、之《これ》を先天《せんてん》と謂《い》い、幾《き》の已《すで》に動くよりして言えば、之《これ》を後天《こうてん》と謂《い》う。（後略）（後・101）

聖人はすべて事の起こらないうちに先を見て事を処理し、機先を制するものである。事を発しないうちに処理するのは先天の本体である誠であり、機が動き出してから処理するのは後天の工夫すなわち敬である。

「聖人」と言われてしまうと、そんなすごい人を目指さなければいけないのかとプレッシャーを感じるかもしれませんが、ここで言う聖人とは、宗教で使われる聖なる人という意味ではなく、「予測力がある人」という程度の意味です。

予測力のある人はミスをしにくい。なぜかというと、あらかじめ事態を予測しているのであたふたしなくてすむからです。また、場合によっては、事が起こらないうちに処理してしまうので、周囲からは何もしていないようにすら見えることもあります。

よくスポーツの世界でも、ファインプレーに見えるものは、本当のファインプレーではないと言います。

野球を見ていると、ときどきあるのですが、「よくぞそこにいた」と褒《ほ》めたくなるようなベストポジションに野手がいたおかげでチームが窮地《きゅうち》を脱することがあります。本当ならセンター前に完全に抜けているのに、なぜかショートがそこにいて、ダブルプレーというようなケースです。

こうしたプレーは、ベストポジションにいるがゆえに捕球も送球も簡単で、すごいプレーをしているようには見えません。そのため一般的にはファインプレーとは言われないのですが、実はこうしたプレーこそが一番のファインプレーだということです。

そして、こうした「よくぞそこに」というファインプレーを可能にするのが、予測力の有無なのです。

人が焦るのは、自分が思ってもいなかった事態に直面したときです。人は、自分の予想の範囲を超えたことが起きると、どうしたらいいのかすぐにわからず、焦ってしまいます。

二〇〇五年に流行語に選ばれた「想定内」という言葉は、当時ライブドアの社長だったホリエモンこと堀江《ほりえ》貴文《たかふみ》氏が使ったことで有名になったものです。

実際、当時のホリエモンがどこまでのことを想定していたかはわかりませんが、「想定内ですから」と落ち着き払って言う姿に、多くの人があまり動揺していない印象を受けたのは事実でしょう。

想定内ということは、対処法はすでに考えてあるということです。事前に対処法がわかっていれば、もしそうした事態に陥ったとしても動揺は少なくてすみます。

ですから私は、この予測力の有無こそが、実は実力を引き出す一番の要因だと考えています。人が持てる実力を発揮できなくなる最大の理由は、「焦り」だからです。

物事を予測しておくということが習慣化していけば、必然的に焦ることも少なくなるので、実力を発揮しやすくなるはずです。

予測力は、どうしても経験の少ない若い人ほど低くなります。ですから若い人は特に、この「事を幾先に見る」という語句を心に刻んでいただきたいと思います。

一流の人たちに共通するものとは

一芸《げい》の士《し》は、皆語《みなかた》る可《べ》し。（録・61）

何の道でも名人は、皆共にその道を語ることができる。ということは、一芸に達した人達は、皆、話が通じ合うものだというのである。

一芸に秀《ひい》でた人、何かの道を極めた人は、お互いに語り合うことができる。実際、いろいろな業界のトップの人たちというのは、語り合うと必ず共感するところが見つかります。それは、分野は違っていても、上達というものの論理が普遍的な要素を含んでいるからなのでしょう。

どんな領域であっても、上達する過程には、ある種似たような苦労や課題があります。一芸に秀でた人は、みんなそれを乗り越えてきているので、語り合えば互いにわかり合うことができる、ということです。

これは逆に言えば、ほかのものにも通用するような上達論、上達プロセスを見出すことができれば、職種や道が違ったとしても、自らが上達するヒントを学ぶことができるということでもあります。

ときどき一流の人が、異業種のプロの仕事ぶりを見て、気づきを得るということがありますが、これはその人が、普遍的な上達のプロセスを求めているからこそ得られるものなのだと思います。

私はこのことを知ってもらうために、授業で学生に上達の普遍的なステップ、プロセスを図にするという課題を出しています。

学生たちの中には、野球をやってきた子もいるし、ブラスバンドをやってきた子もいるし、英会話をやってきた子もいるというように、みんなやってきたことがバラバラです。

それぞれ異なる経験に、最初はとまどいを感じる彼らも、「壁を乗り越えたときの経験を中心にして考えてみよう」という課題を出すと、話し合っているうちに、ふとした共通点があることを発見します。

そうした小さな共通項を糸口にさらに語り合っていくことで、認識はさらに深まり、上達には原則のようなものが存在していることを理解していくのです。

そう考えると、天才と呼ばれるような人に時々いるのですが、素晴らしい一芸を持っていても、ほかの一芸の士と語り合えない人は、見ていて少しもったいない気がしてきます。生まれつきのセンスで自然にやっていたらできてしまったという天才肌より、いろいろな挫折や苦労や努力を経て一流になった人のほうが、いろいろな人と共感できるということです。

やはり人は、意識して壁を乗り越えてきたところを語り合うというところがおもしろいのだと思います。

自分のスタイルを知るべきとき

人は当《まさ》に自《みずか》ら已《おの》れが才性《さいせい》に短長《たんちょう》有るを知るべし。（後・178）

人は当然のこととして、自ら自分の才能や性質に、短所と長所のあることを知っていなければならない。

これはごく簡単に言えば、「己を知れ」ということです。

このこと自体はよくいわれていることなのですが、難しいのは、どの時点で「自分」というものを規定するか、という時期の問題です。

人生には、判断の時期というものがあります。

たとえば最近は、オリンピックなど大きなスポーツの大会で、韓国人選手の強さに目を見張ることが増えていますが、韓国の選手があれほど強いのは、小学生くらいのときから種目を絞って特別な練習を重ねてきているからなのです。

しかも、韓国では国がスポーツに莫大な強化費をつぎ込んでいるので、小さいときに種目を決めたら、その後あれこれ転向することは許されないらしいのです。そのため、成功すればキム・ヨナのように素晴らしい選手に成長するのですが、その陰で、途中で才能がないことがわかっても、他の種目に転向できないまま消えていってしまう選手も大勢いるのだそうです。

スポーツの場合は、このように「判断の時期」が早く訪れてしまうという、難しさがあるのですが、仕事となると、判断の時期に余裕ができる反面、そこには別の難しさが加わります。

仕事の場合、スポーツ同様、才能ということも大切なのですが、経験によって出来不出来が大きく違ってくるので、あまり早く判断しすぎてしまうのは得策ではありません。それに加え、気質との兼ね合いという問題も重要です。

私は頑張って東大の法学部まで行ったのですが、なぜ法学部なのかというと、裁判官になろうと思っていたからなのです。

「どうせ裁判官になるのなら最高裁を目指さなきゃ、となればやはり東大だろう」

そう思ったのが、立派な志なのか野心なのか自分でもよくわかりませんが、一応、立派な裁判官になろうと思って、一生懸命勉強して東大に入ったのは事実です。

ところが、大学三年のときに、はたと疑問がよぎったのです。それは、自分は立派な職業だと思って裁判官になる道を選んだけれど、果たして自分の気質と、裁判官に求められるものは合うのだろうか、というものでした。

少々心配になった私は、友人に聞いて回ることにしました。すると、誰一人として合うと言ってくれないのです。それどころか「真反対でしょう」と言われてしまったのです。

冷静になって考えると、私は、朝は起きられないし、提出物は苦手だし、自分でものを考えて言うのは好きかもしれないけれど、きっちりやるのは苦手です。友達の中には、「裁判官になったら、ふざけて遊んだりもできないんだぞ、おまえにできるのか」というものもいましたが、確かに反論できません。

やはり育った家の環境は大切です。残念ながら裁判官に求められる気質に合ったものが、私を育《はぐく》んだ齋藤家の家風には何もないということがわかったのです。

こうした自覚を経て、私は裁判官になることをやめ、いまの道に進んだのです（でも、それだったら弁護士をやればいいという発想が、当時の私になかったのは、ちょっともったいないことをしたかな、と思っています）。

このように、気質との兼ね合いという問題もあるので、職業を選ぶときには、能力だけでなく、自分の気質とも相談しながら検討することが大切です。

ただし、いま述べたのはあくまでも根本的な気質の問題であって、仕事のスタイルとは切り離して考えることが必要です。

職種が同じでも、人によって仕事のスタイルは違います。ものすごくペースの速い人もいれば遅い人もいます。大騒ぎしながらやっている人もいれば、静かにやっている人もいます。実際、アメリカの経営学者ドラッカーによれば、経営に成功している人たちの共通点は、経営に成功しているという一点だけだと言います。

こうしたことをいろいろ考え合わせると、スポーツの世界は別ですが、一般的な「判断の時期」は、自分に迷いがなくなる三五歳くらいだと言えると思います。そのぐらいになれば、だいたい自分の気質も、仕事の種類もわかってきますし、自分のスタイルも確立され、才能の有無の判断もつきます。

この気質で、このスタイルで、この仕事で自分はいくしかない。そう思えたとき人は強くなります。転職を含め、自分のあり方に悩んでいる人は、三五歳を一つのターニングポイントにしてみてはいかがでしょうか。

「己《おのれ》」を持っているか

士は**独立自信**《どくりつじしん》を貴《たっと》ぶ。熱に依《よ》り炎に附《つ》くの念起《ねんおこ》すべからず。（録・121）

丈夫たるものは、他に頼らず、一人立って、自信をもって行動することを貴《たっと》ぶ。権力ある者にこびたり、富貴《ふうき》の者に付き従うような考えを起こしてはいけない。

この言葉はどちらも、自信を持って行動することの大切さを説いたものです。「士は当《まさ》に己《おの》れに在《あ》る者を恃《たの》むべし。（録・119）」（自分自身にある者をたのむべき）とも言っています。

福沢諭吉が『学問のすゝめ』で、「一身独立して一国独立す」など、独立するということを非常に強く訴えているので、独立という考え方は明治維新から始まったと思っている人もいるようですが、実は佐藤一斎の当時から言われていたことなのです。

とはいえ、ここで言う「独立」とは、いわゆる独立して起業するというイメージではありません。純粋に一人で立つというイメージです。

私たち日本人は、どうしても他者の目を意識する傾向が強く、人に何か言われたとか、人はどうしているのかということを気にしますが、独立して自信を持つというのは、自分というものを出発点にするということです。別の言い方をすれば、自分をはっきりと持って、そこからスタートするのですが、そのとき、他人をたのみにしてはいけないということです。

自分が独立できているかどうかは、「己」つまり、自分の意思に基づいて判断し、責任感を持ってそれを実行しているかどうかでわかります。

たとえば、責任転嫁《てんか》しているときは己を失っていると言えます。すべてを自分のせいにする必要はありませんが、自分のミスを正当化するために他人のせいにするというのは、明らかに己を失った状態です。

　また、どうせ私なんかだめなんだと、投げやりになったり、あるいは自分は悲惨だとかみじめだと人に言ったりするというのも、己を失った状態です。なぜなら、そのようなことを言うのは、同情してほしいという気持ちが根底にあるからです。人の同情にすがっているのですから、とても独立しているとは言えません。

　自分は何をしたいのかわからない、一応はやっているがこれといった目標もないという人がいますが、これも己を失っている状態です。

　要は、きちんと自分の状況をわきまえ、他人を頼らず自分で判断して行動し、その責任がとれるような人は己があるということです。

「独立自信」というと抽象的でわかりにくいかもしれませんが、具体的な状況を一つひとつ、「自分は他人を頼らず、責任感を持って行動できているだろうか」と反省してみると、独立の度合いが見えてきます。

　昔の人はよく「己を見つめる」ということを言います。禅の伝統も、基本は自分を見つめることです。では、自分の何を見ているのかというと、この「独立自信」をできているかいないかを見つめているのです。

佐藤一斎も、他人と自分は一つであり、自分を知ることが重要であると説いています。「人己《じんこ》は一なり。自《みずか》ら知りて人を知らざるは、未《いま》だ自《みずか》ら知らざる者なり。自《みずか》ら愛して人を愛せざるは、未《いま》だ自《みずか》ら愛せざる者なり。（耋・176）」

人の言葉は拒まず、鵜《う》呑《の》みにせず

人の言《げん》は須《すべか》らく容《い》れて之《これ》を択《えら》ぶべし。**拒《こば》む可《べ》からず。又惑《またまど》う可《べ》からず。**（録・36）

他人のいうことは、一応、聴き入れてからよしあしを選択すべきである。始めから、断ってはいけない。また、その言に惑ってはいけない。

これは、取捨選択の順番を間違えないように、という教えです。

自分に自信を持ってくると、えてして他人の意見を聞かなくなる人が多いものです。逆に、自信のない人は、他人の言うことを聞いていればいいやと思ってしまいがちです。

しかし、どんな意見も、まずは聞き入れて、それからその良し悪しを判断すべきです。相手が全部を言わないうちから最初に拒んではいけないし、聞き入れたことをすべて鵜呑《うの》みにしてもいけない。

こうした教えの内容自体は、皆さんもいろいろなところで見聞きしてご存じのことと思います。でも、私があえてこの言葉をご紹介したいと思ったのは、この佐藤一斎の言葉自体が、とても簡潔で心に響いたからです。

いまは、このようにリズムよく簡潔に、過不足なく書かれた切れ味のいい文章を目にする機会が激減しています。

この標語のような一文を覚えておくと、折りに触れ人に言うこともできますし、自分自身に投げかけることもできます。また、色紙に書いて部屋に貼っておいても美しい。

言葉というのは、その内容だけに価値があるのではありません。

内容はもちろんですが、言いやすさ、覚えやすさ、そして言葉としての美しさのようなものが渾然《こんぜん》一体となって、どれだけ人の心に響くかを決めているのだと思います。

ですから、「人の言は須らく容れて之を択ぶべし。拒む可からず。又惑う可からず」というこの一条は、ぜひこのままの形で覚え、使っていただきたいと思います。

他人を受け入れる器量

能《よ》く人を容《い》るる者にして、而《しか》る後以《のちもつ》て人を責《せ》むべし。人も亦其《またそ》の責を受く。人を容《い》るること能《あた》わざる者は人を責むること能《あた》わず。人も亦其《またそ》の責を受けず。（録・37）

よく人を容《い》れる雅量《がりょう》があって、はじめて人の欠点を責める資格がある。雅量のある人から責められれば、人もその責を受け入れる。反対に、人を容れる雅量のない人は、人の短所を責める資格がないし、こういう人に責められても、人は受けつけない。

人を受け入れる器量のない人は、他人の短所を責める資格はないし、もし責めたとしても相手はその人の言うことを聞かない。要するに、人を受け入れる器があるかどうかということを意外に相手は見ていて、器の大きな人から言われた言葉は聞くけれど、そうではない人の話は絶対に聞き入れない。「おまえにそんなこと言われたくはないよ」と、なってしまうということです。

　ある人から言われれば素直に聞くのに、ある人から言われると聞かないどころか、むしろ反対のことをしたくなってしまう。この違いはどこからくるのかといえば、言う人の器の問題だと佐藤一斎は言っています。

　先日、『ミレニアム　ドラゴン・タトゥーの女』という本を読んだとき、私はこの佐藤一斎の言葉を思い出しました。

　映画化もされましたが、ミステリーとしての魅力はもちろん、登場人物のキャラクターがまた非常におもしろい作品です。事件解決に大きな役割を果たすのは、非常に高い調査能力を持っているのだけれど、誰の言うことも聞かないために他人から排除されつづけてきた女性リスベット・サランデル。彼女が、主人公のジャーナリスト、ミカエル・ブルムクヴィストに心を開いていく過程がとてもうまく描かれているのです。

　二人の出会いは、ミカエルがリスベットにハッキングされるというものでした。

　普通なら加害者と被害者で、ミカエルが苦情を言いにいきそうなものですが、ミカエルは彼女のアパートをパンやいろいろな食べものを持って訪ね、「君の調査能力は素晴らしい。それを見込んで仕事を頼みたいのだけど」と言うのです。

他人に排除されつづけてきたリスベットにとっては、他人を自分の家に入れるなど本当は耐えられないことのはずなのですが、なぜか彼のペースに巻き込まれ、二人は一緒に仕事をすることになります。

その後もリスベットは、ミカエルのパソコンを無断でいじったり、普通なら受け入れられないような行動を次々ととるのですが、一応ミカエルも「何をしているんだ」というものの、決して頭ごなしには怒らず、一度受け入れたうえで「君とは一回、ルールを決めないといけないな」と、人間らしい関係を築く土台をつくっていきます。こうしてリスベットは変わっていくのですが、それはミカエルが見せた度量の大きさによって、生じた変化なのです。

人は、多かれ少なかれ人に対して心を閉じる傾向があります。そこをいくら責めても、相手が心を開くことはありません。まず、こちらが心を開くこと。そうすれば、人はその度量の大きさを見て、それに合わせて心を開きます。

ですから、自分の意見がなかなか受け入れられないという人は、人を責める前に、まず自分にきちんと人を受け入れる器量がどれだけあるのかを自問することが必要でしょう。

思い切って周囲の人に聞いてみてください。

「オレに人を受け入れる器量ってあると思う？　正直なところどうよ」と。
「いや、ちょっと」と言われたとき、あなたの心がどう動くかで、まさに器量がわかります。そう言われて「むっ」としたら、自分に器量がないことを反省してみる必要がありそうです。

コミュニケーションとモチベーションのための言葉

文《ぶん》は能《よ》く意を達し、詩は能《よ》く志《し》を言う。（後略）（晩・51）

文章はいおうとする事の意味がよく達すればよいし、詩は心の向《むか》う所をいい表わせれば十分である。

ここでは文と詩に分けて語っていますが、詩が身近なものではない現代日本人にとっては、「文」とは、情報などその内容を人に伝えるべき言葉、「詩」とは、人の感情や志を刺激し心を沸き立たせる言葉と考えるとわかりやすいと思います。

たとえるなら「詩」というのは、女の人とデートしていて、ちょっと機嫌が悪いなと思ったときにとりあえず食べてもらう「甘い物」のようなものです。甘いものを食べると、人は気持ちが和《やわ》らいで、自然と機嫌が直ります。それが詩の領域というか、心を沸き立たせる言葉の効用です。

人は正しいことを言ったからといって、やる気になるとは限りません。正しいことばかり指摘している上司より、ちょっとした甘い物のように、心を刺激する一言を言ってくれる上司のほうが好かれるし、部下もやる気が出るというのはよくあることです。

そう考えると、詩人の紡《つむ》ぐ言葉というのはやはりさすがです。

たとえば中原中也《ちゅうや》の「汚れつちまつた悲しみに」とか、「思へば遠くへ来たもんだ」といった言葉は、それだけ見ると何気ない言葉なのですが、一度触れただけでもとても強く印象に残ります。

もちろん、こういう詩心を誰もが持っているわけではありません。けれども、理屈だけではない心を動かす言葉は、人を動かします。

ですから普段から、どういうときのどんな言葉が自分の心に響いたか、あるいは自分のどんな言葉が相手の心を動かしたか、そんな瞬間の言葉を覚えておくと、日常生活の中に詩心が取り入れられ、コミュニケーションの幅も広がります。

一呼吸で大きく変わる

克己《こっき》の工夫《くふう》は一呼吸の間《あいだ》に在《あ》り。（後・34）

克己の工夫は、難しいといってもその実は「ここだ」という一呼吸の間にある。

己に勝つポイントは、実はほんの一瞬の一呼吸にある。

たとえば、ちょっとしたことですが、酒を飲みすぎているのに、もう一杯と言ってしまう。その「もう一杯」という一言を、呼吸とともに飲み込めれば、それは一つの克己となります。同じように、飲んだあとのとんこつラーメン、これも食べたくなってしまうけれど、一呼吸してぐっと堪える。これも克己です。

一つひとつはたわいもないことですが、そうした小さな克己の積み重ねが、人生を大きく変えることになるのですから侮《あなど》ってはいけません。

こうした小さな克己を成功させるための工夫は、とても大切です。

仕事で締め切りや予定を守れない人は、手帳を見るということを習慣づけてみる。電車の中で携帯電話を見るのと同じように、ちょっとした時間に手帳を見たり、優先順位を三色ボールペンで色づけしたりといったように、技《わざ》化するのです。

ほんのちょっとしたことなのですが、自分が気持ちよくできる工夫をするだけでよいのです。すると、仕事全体がうまく回っていくようになります。

ですから「克己」と言うと、なにやら重々しく感じるかもしれませんが、ちょっとした工夫で乗り越えられるものはたくさんあるのです。

克己を精神力の問題と捉えてしまうと、辛くなります。克己は工夫であり、その工夫はほんの一呼吸の間にできるようなちょっとしたものでもいいと思えば、工夫できることがいろいろ見つかるはずです。

もう一つこの言葉について言うなら、佐藤一斎がここで「呼吸」という言葉を使ったのには、呼吸そのものが持つ深い意義があるのではないか、という気が私はしています。

私は長年、呼吸法の研究をしていますが、古来、吸って吐くという「一呼吸」の中には、一つの生命があると考えられてきました。吸う息が生きることで、吐く息は死ぬこと。つまり、一呼吸の間に生死があるという認識です。

ブッダは深い呼吸を行なう座禅を通して悟りを得ました。一つひとつの呼吸に生と死を感じる。そんな呼吸を繰り返していくことで人はだんだんと強くなっていく。これがブッダの説いた呼吸法です。

ですから佐藤一斎が、ここで「一呼吸の間」という言葉を使ったのには、克己の工夫とは、まさに一呼吸を通して、新しい自分に生まれ変わることだという意味が込められているのかもしれないと思うのですが、どうでしょうか。

若者は老人のように、老人は若者のように

少年の時は当《まさ》に**老成**《ろうせい》**の工夫**《くふう》を著《あらわ》すべし。老成の時は当《まさ》に**少年の志気**《しき》を存《そん》すべし。（録・34）

若い時は、経験を積んだ人のように、十分に考え、手落ちのないよう工夫するがよい。年をとってからは、若者の意気と気力を失わないようにするがよい。

若いときは、どうしても若さに任せてという人が多いのですが、中には、あえて老練な人に近づき、その人の技を盗んで、自分のものにしてしまうという人もいます。

私の知り合いにも、大学生のときは大学院生の雰囲気を出し、大学院生のときは助教授の雰囲気を出し、助教授のときは教授の雰囲気を出すという人がいました。

彼が立派だったのは、見た目や話し方だけでなく、研究のスタイルやレベルまで先取りしていたことです。

これは、成長するうえでは、実はとてもいい方法です。

仕事でも、ベテラン社員や部長のやっていることを見ている新入社員は、何か「これをやって」と指示されたときに、その仕事を部長の目で理解しようとするので、ただ漫然と指示を待っている新入社員とは見えているものが違ってきます。

それは全体の中での自分の立ち位置であり、自分が任された仕事の意味です。

そうやって仕事の中身が見えてくると、「なぜこんなことをオレがしなきゃいけないんだ」という、新入社員にありがちな愚痴《ぐち》も出てこなくなるので、結果としてストレスも軽減されます。

さらには、自分が部長だったらこうするのにとか、もっとこうしたほうが効率がいいのではないかといった工夫のアイデアも生まれてくるので、むしろ仕事が楽しくなっていきます。

若いうちはこのように年上を真似るのがよいのですが、年を経たら、今度は若者のような気力を失わないようにすることが大事だと言います。

若者のような気力を失わないために、もっとも効果的なのは、積極的に若者と交流して、そのエネルギーに触れることです。

もちろん中高年にもやる気やエネルギーはあるのですが、やはり若い生命体が放つエネルギーにはかないません。それに、若い肉体だけが持つ無意味なまでのエネルギーは、触れていると、うつってきます。

これは実際に私が若いときに経験したことですが、若い先生を一人招いて、七十代の人が集まって勉強会をするというのも双方刺激になっていいと思います。若者は老練な人から学び、高齢者は若者からエネルギーを貰う。双方にメリットがあるので、ぜひ試してみてください。

第二章　禍《わざわい》は「上」から起こる

人間関係・リーダー論

第一印象は間違いない

人の賢否《けんぴ》は、初めて見る時に於《おい》て之《これ》を相《そう》するに、多く謬《あやま》らず。（録・39）

人が賢か否《いな》かは、初めて見たときに直覚した印象が、多くの場合間違いなしだ。

よく、人を第一印象だけで判断してはいけないなどといわれますが、ここではその反対です。初めて見たときの印象で間違いがない。「心の形《あら》わるる所は、尤《もっと》も言《げん》と色《いろ》とに在《あ》り。（録・38）」すなわち、人の心は言葉や顔つきに現われるというのです。

私たちは人と会ったとき、単なる外見や会話の内容以外にも、実に多くの情報を読み取っています。

たとえば、初めての人と電話で話したとき、電話の声や口調から、「この人、あまり賢くないな」とか「この人、ちょっと勝手な人かもな」と感じることがあります。

電話でもわかるのですから、会えばなおさらです。

表情やしゃべり方、仕草や雰囲気、そうしたいろいろなものを総合的に判断した結果が、実は「直感」や「第一印象」として認識しているものなのです。

　現代においては、直感や勘などは何の根拠もないものと思われがちです。もちろん、論理的に考えることをせずに、何でも直感に頼るというのは好ましくありませんが、かといってすべてを迷信と言って退《しりぞ》けてしまうのももったいないのではないでしょうか。

　直感というのは、実は、あとからいろいろな情報が入ってきて軌道修正した印象よりも確かなことが多いのです。皆さんもあると思いますが、後から何かあったときに「ああ、やっぱりね」と思うのは、最初にそうした印象を持っていたということです。

　先日、ニュースでおもしろいことを言っていたのですが、振り込め詐欺の被害者の約六割以上が、最初に電話で話したときに、相手に「違和感」を感じていたというのです。

　ところが、おかしいと感じたにもかかわらず、いろいろな話を聞いているうちに、すっかり信用させられてしまう。ですから、確かに相手もうまいのですが、重要なのは、最初に感じた違和感をもっと重大なものとして受け止めなければならないということです。

　振り込め詐欺に限らず、私たちは、最初に感じた違和感を打ち消すような思い込みを後から上書きしてしまうということを、日常的に行なっています。

こっちへ行ったらまずいかな、と思っていたのに行って渋滞に巻き込まれたり、ずいぶんうまい話だなと思ったのに、勧められるままに投資をして損をしたり。特に「そうであればいい」「そうあってほしい」と思うと、この間違った上書きをしやすくなるので注意が必要です。

先入観という面では、人の好き嫌いも判断を間違わせるもとになります。佐藤一斎も、「愛悪《あいお》の念頭《ねんとう》、最《もつと》も藻鑑《そうかん》を累《わずら》わす。（録・40）」（好き嫌いの考えが頭にあると、これが一番、人物鑑定に間違いを起こすもとになる）と述べています。

これは、感情に流されて物事を判断してはいけないということですから、ある意味、とても当たり前のことです。けれども、世の中はほとんどこれで動いているといっても過言でないほどです。

「恋は盲目」という言葉がありますが、恋愛感情に限らず、人間は自らの感情によって、どうしても好き嫌いができてしまう。そして、無意識のうちにその好き嫌いが、相手のやっていることへの評価や対応につながってしまうのです。

特に、「上官たる者は、事物に於《お》いて宜《よろ》しく嗜好《しこう》無かるべし。（耋・259）」と書かれているように、上に立つ者は好き嫌いで人を判断してはなりません。

そこから脱却できてこそ、本物の人を見る目を持ったと言えるでしょう。

初対面での印象を信じる直感力を持ちながらも、先入観にとらわれない冷静な視点を持つこと。この両者をバランスよく持つことこそが大切なのです。

人間を座標軸で捉える

聡明《そうめい》にして重厚《じゅうこう》、威厳《いげん》にして謙沖《けんちゅう》。人の上《かみ》たる者は当《まさ》に此《かく》の如《ごと》くなるべし。

（録・79）


上に立つ者は、次のようにありたい。さとく明らかに物事を洞察し、しかも、おもおもしく穏やかであり、その態度は威厳があって、しかも、へり下って、わだかまりがない。


人の上に立つ者のあるべき姿を、過不足なく言い表わした言葉です。

聡明という言葉のストレートな意味は、「耳がよく聞こえて、目がよく見える」ということです。ここで注意してほしいのは、「聞くこと」が「見ること」に先立っていることです。つまり、上に立つ者ほど、まずは相手の言うことを聞かなければならないということです。

確かに、上司の中には、部下の話を最後まで聞かないうちに「わーっ」と攻め立ててくる人がいます。それでも指摘してくる内容が合っていればまだいいのですが、まったく筋違いなことを言われたりすると、部下はやる気を失うどころか、会社まで辞めたくなりかねません。

だから聡明であることが大切なのですが、ただ聡明なだけでは、上に立つ者としては物足りない。聡明であるとともに重厚であること、つまり、重々しくも穏やかであることが必要だと言います。

私はよく、上になればなるほど気質的には軽やかになっていくべきだ、と言っているので佐藤一斎の意見とは異なるように思えるかもしれませんが、私自身は、ここで言う「重厚」と、私が常々言っている「上機嫌」というのは、矛盾しないと思っています。

私のイメージしている「軽やか」とは、動きとしての軽さであって、チャラチャラした軽さではないからです。どんな状況でも冷静沈着に行動できるけれど、気分はいつも上機嫌で落ち着いている。そういうイメージです。

続く、威厳にして謙沖《けんちゅう》。謙沖というのは、謙虚と言い換えてもいいでしょう。わかりやすく言えば、威厳があるけれど謙虚で威張ったところがない、ということです。

こうした概念は、座標軸にして考えるとわかりやすくなります。たとえば、縦軸に聡明さ、横軸に重厚さを入れ、座標軸でそれぞれが「ある・なし」とします。すると、四つのパターンができあがります。

①聡明で重厚な人、②聡明だけど重厚さはない人、③聡明ではないが重厚な人、④聡明さも重厚さもない人。同様に縦軸に威厳、横軸に謙虚を入れると、やはり四つのパターンができます。

④がよくないのは明らかですが、②と③は一見よい人に見えてしまうので注意が必要です。でも、座標軸で考えると、②と③に惑わされることなく、①こそが自分が目指すべきゾーンだということがわかります。

つまり、図で表わすようなことこそしていませんが、このように座標軸に収まるような概念、または言葉を使って説明することで、昔の人はちょうどいいバランスの場所、心の場所を指し示していたのです。

人との関係は「音楽」だ

一気息《きそく》、一笑話《しょうわ》も、皆楽《がく》なり。一挙手《きょしゅ》、一投足《とうそく》も、皆礼《れい》なり。（録・78）

一呼吸も、自然の音楽であり、談笑も人心を和《やわ》らげる音楽である。手を一つあげるのも、足を一つ動かすも、皆礼である。


私たちは音楽というといわゆる「楽曲」をイメージしますが、ここで言っているのは、もっとずっと幅広く、そして、人の心と精妙につながっているものとしての音楽です。

たとえば、琴《こと》のような楽器を弾《ひ》くとき、昔の人は単に楽器を奏《かな》でているのではなく、奏者自身の心を弾いてるのだと考えました。

また、そうした演奏を聴く人たちも、自分の心が琴の音と振動することで安らかになっていくのを楽しみました。

孔子も「楽」を大事にしていますが、それは、やはり楽を心の問題として捉えていたからです。

そう考えると、吸って吐くという一つの呼吸が音楽であり、人が笑い合うのもまた音楽であるという、この言葉の意味が理解できます。

音楽を心の問題として捉えたとき、音楽の神髄とは何かということが見えてきます。

実は、音楽の本質とは「抑揚」なのです。

呼吸の、吸って吐くというのも一つの抑揚です。

ゲーテは潮の満ち引きを「地球の呼吸」と表現しましたが、まさに潮の満ち引きも繰り返される抑揚です。

以前、美輪明宏《みわあきひろ》さんが、「ラップは音楽ではない」と言っておられましたが、確かにラップにはリズムはあっても抑揚はあまりありません。

これは余談ですが、通信カラオケでよい点数を出すにはコツがあるのをご存じでしょうか。実はこれも抑揚をつけることなのです。最初はできるだけ小さく歌い出し、サビになったらぐっと上げていく、そうした抑揚をつけることで点数が上がるのです。

要するに、抑揚に緩急、強弱をつけることが、音楽の生命だということです。

儒学者はあまり笑わない印象がありますが、佐藤一斎は「笑う」こともまた音楽だと言っています。笑いの本質は緊張と緩和ですから、やはり一つの抑揚です。緊張と緩和によって心がほどける感じ、これを彼は音楽と捉えたのでしょう。

音楽をこのように捉えることができるようになると、普段の生活の中のいろいろな場面で音楽を感じることができるようになります。

たとえば人との関係も、その場の空気を「今日はいい音が鳴っているね」とか、「よく笑った、楽しい音だね」というように音楽として捉えることもできます。

また、自分を楽器のように捉え、誰といるときにどんな音楽を奏でるのかと考えると、弦楽四重奏ではありませんが、相性のいい音を出す相手や、自分に合ったリズムを知ることもできます。

さらに、バンドやオーケストラにベースやコントラバスといった地味な音の楽器が必要なように、周囲の人に対しても、一見地味だけど、この人がいるおかげで自分たちの奏でている音楽に深みが出るという見方ができるようにもなっていきます。

同じような言い方で、「一挙手、一投足も、皆礼なり」と佐藤一斎は言います。

私たちは、礼儀作法という言葉があるように、「礼」を決まった動きだと考えがちですが、本来の礼というのは、他の人を気遣う行為であり、心です。

ですから、誰かが座るときに座りやすいようにイスをちょっと動かしてあげたり、お茶を出すときに飲みやすい場所に置いてあげたり、何気ない動きでも、心がけで「礼」になるのです。

お茶の世界などは、細かな所作までが決められていますが、本当は、あれは人を気遣うある瞬間の何気ない動きが、型《かた》になっていったものなのです。

たとえば、お茶を出していただいたとき、ただ飲んでしまったのでは、出してくださった相手に対する思いやりに欠ける。せっかく選んでくれたお茶碗を観賞して、かつ礼儀としてお茶碗の正面部分を避けて飲むべきですが、素人はなかなか観賞の余裕もないでしょう。それを作法としてお茶碗を回してから飲むと決めておけば、誰もができるようになるだろうというのが、決まりごとの効果です。

このように考えると、礼もまた音楽同様、何気ない日常の動きの中に見つけることができます。何気ない動きを「これは礼だ」と評価できるようになると、礼の感覚がより一層広がっていきます。

音楽も礼もどちらも、本来、人の心を整える働きを持つものです。ですから、楽や礼の感覚を広げてみると、日常が豊かに感じられるようになるはずです。

情と欲を使いこなすには

情に循《したが》って情を制し、欲を達して欲を遏《とど》む。是《こ》れ礼の妙用《みようよう》なり。（録・68）

だれでも情の起こるままに行動すると弊害を生ずるから、情に従っても、ほどよく制しなければならない。また、欲はある程度達したら限度を見はからって抑える必要がある。すなわちこれが礼儀を上手に用いるということである。

欲をどうコントロールするかということは人生の大問題です。

食欲、性欲、権力欲、支配欲、いろいろな欲がありますが、どれも欲の起こるがままにしておくと際限がなくなるので、上手にコントロールすることが必要です。

しかし、欲は人間の基本的な原動力でもあるので、無欲になるなど実際には不可能です。

佐藤一斎の言葉が実践的なのは、「情に循《したが》って情を制し」としているところです。

これは、情が起こるのは仕方がない、ただ、そのままにしてはまずいので、行きすぎをコントロールすることが必要だといっているのです。

怖いのは、わき上がる欲そのものではなく、その欲の暴走をコントロールできなくなることです。

たとえば、バンクーバー五輪の頃の話ですが、日本人がネット上でキム・ヨナをバッシングしたことがありました。するとそれに対して韓国人が「2ちゃんねる」のサーバーに攻撃をしかけ、ネット上で過激な中傷合戦が繰り広げられるということがありました。こうしたネット上の「炎上」はまさに欲がコントロールできていない状態だと思います。

では、どうすれば欲をコントロールできるようになるのでしょう。

その方法として佐藤一斎が提案しているのが「礼」なのです。

礼というのは一つのかたちです。

たとえば、剣道や柔道の試合では、試合の前後に必ず互いに一礼を交わします。

あれは自然な行為とは言えません。これから戦う相手に対して、あるいはいままで戦っていた相手に対して礼をするというのは、少なくとも感情に基づく行為ではないでしょう。感情的にはもっとやっつけたいとか、負けて悔しいから仕返ししたいという気持ちになるのが普通です。

しかし、そうした感情があったとしても、一礼して握手をするという礼をとることによって、感情は沈静化します。これは、「礼」という外部のものに自分の行動をはめ込むことで、感情をコントロールしているということです。

つまり、礼というのは、本当は「心の型《かた》」なのです。

行動の順序や一連の流れが決まっていれば、その途中でいらつくことがあったとしても、その次の行動をしなければいけないので、行動によって自分のコントロールができるようになっていく。

最近は、礼のような堅苦しいものはないほうが自由でいいという人も多いのですが、自由なほうが楽だというのは勘違いです。なぜなら、自由というのは、すべて自分でコントロールしなければいけないということなので、実はとても大変なのです。

たとえば、人と会ったとき、どのような態度をとるか、礼に則《のっと》れば悩まずに済みます。お辞儀をして、挨拶の言葉を交わす。相手が好きでも嫌いでも、普通はこうした礼に従うだけなので、そこにストレスを感じることはありません。

でも、礼が何もなく、どのような態度をとるかは自分で決めてくださいと言われたら、どうでしょう。いちいち考えて対応しなければならないとなると、人に会うこと自体がストレスになりかねません。

暴走する感情を、心だけでコントロールするのはとても難しいことです。

だからこそ、決まった行動に従うことで心を整えることができる「礼」には、とても大きな価値があるのです。

人の気持ちをつかむのに必要な「心の中和」

心に**中和**を得《う》れば、則《すなわ》ち人情皆順《にんじょうみなしたが》い、心に**中和**を失えば、則《すなわ》ち人情皆乖《そむ》く。**感応《かんおう》の機**は我に在《あ》り。（後略）（後・103）

心が平静で、中和、すなわちどちらにも偏《かたよ》らず、節度に適《かな》っていれば、人々の気持（人情）は皆わが心にしたがっていくけれども、心に中和を失えば、人情は皆自分にそむいていくものである。人の心の感応するはずみは自分にあるのである。

中和というのは中庸《ちゅうよう》と言ってもいいと思いますが、偏らないということです。

「まるで天国から地獄に落ちたような気分」、という表現がされることがありますが、やはり気分も高いところまで上がると、その反動で、落ちたときにはより深いところまで落ち込んでしまいます。そうならないためにも、あえて高いところを目指すのではなく、中和を目指しなさい、というのです。

では、中和とはどのような精神状態なのでしょう。

一つ例を挙げるとすると、「人間万事塞翁《さいおう》が馬」がそれにあたります。

これは「禍福《かふく》は糾《あざな》える縄のごとし」と同じ意味だと誤解している人が多いのですが、両者の意味は大きく違います。

禍福は糾える縄のごとしというのは、禍と福というそれぞれ色の決まった縄がより合わさって一本の縄のようになっているということです。いいこともあれば、悪いこともある。したがって、禍と福は別々のものとして存在していることになります。

一方、人間万事塞翁が馬というのは、ある出来事は状況や環境によっていいことにも悪いことにもなる、というスタンスです。つまり、物事の禍福が決まっていないのです。

いいこともあれば悪いこともあるというのが「禍福は糾える縄のごとし」であるなら、いいことも悪いこともないというのが「人間万事塞翁が馬」の考え方であり、中庸、中和の見方なのです。

物事には必ず、どこかにバランスのとれるところがあります。それがどこかはわからなくても、どこかにあると思っていると、これでは少し行きすぎだな、これでは少し足りないな、ということを感じるようになるので、中庸感覚が磨かれ、次第に極端な思考をしなくなります。

そして、そうした中庸感覚が身につくと、人々の気持ちが自分に向かってくるようになるというのです。「感応の機は我に在り」というのは、自分のあり方次第で周囲の人たちは変わってくるのだから、人は自分自身が偏らずにうまくバランスをとっていれば、自《おの》ずと人心や信頼を得ることができるはずです。

まさに「人心の感応は、磁石の鉄を吸うがごときなり。（耋・117）」なのです。

人心をつかむにはストレス発散をうまく使う

人心《じんしん》は歓楽発揚《かんらくはつよう》の処無《ところな》かる可《べ》からず。故《ゆえ》に王者の世に出《い》ずる、必ず楽《がく》を作りて以《もっ》て之《これ》を教え、人心をして寄《き》する所有《ところあ》り、楽しんで淫《いん》するに至《いた》らず、和《わ》して流

るるに至らざらしむ。（後略）（録・75）

人はよろこび楽しみ、発散するところがなくてはならない。故に、徳の高い君主が出ると、必ず音楽を作って、人々に教え、人心を音楽に寄せつけて楽しませるが、そのために淫溺《いんでき》させることもなく、互いに和合しても中庸を失わせない。

これは、今風に言えば、ストレスは適度に発散しないといけないのだから、あまり厳しいことを言ってはいけない、ということですから、儒家には珍しい、なかなか柔軟な考え方です。

おそらく佐藤一斎本人は、お酒を飲んだり女遊びをしたりしなくても、学問さえしていればストレスを発散できたというタイプだと思います。ですから、中には仕事だけで発散できてしまう人もいるかもしれないのですが、世の中の普通の人は、お酒や男女関係とか、何かわーっと騒いでストレスを解消できるものがないと、ストレスが溜まってしまいます。

自分の必要性からではなく、周囲の人の心、「人の気」というものを察することができるというのは、人の上に立つものにはとても大切な資質です。

部下をまとめ、やる気を出させるのがうまい上司というのは、たいてい、この「人の気」を見ることのできる人です。

たとえば、大学でも採点業務のような単調な仕事を長時間続けていると、疲れ果ててだれてきてしまうのですが、そうしたときに気の利いた人がひとりいると、頃合いを見計らってアイスクリームを買ってきたり、お菓子を差し入れてくれたりするのです。

すると、それまでの落ち込んでいた気分が一新され、「もう少し頑張ろう」という気持ちが湧いてきます。

小さなことですが、これも「歓楽発揚」の効能の一つだと思います。

ですから、人の上に立つ人は、自分の好き嫌いではなく、下の人たちがどのぐらいストレスを溜めてきているかを把握し、適度に「歓楽」を与えて上手に「発揚」させていくことが大切なのです。

最近は、プライベートの時間を削られるのを嫌う人が増えてきているので、社員旅行やスポーツ大会を行なう会社は減ってきているそうですが、かつてはこうしたものも社員を発揚させる歓楽として機能していました。

いまは逆境にあるトヨタ自動車ですが、トヨタはもともと結束力の強いことで有名な会社です。以前トヨタの人事部長をしていた方に聞いたのですが、トヨタの強い結束力の秘訣は、毎年開かれる運動会にあるとおっしゃっていました。

この運動会は全トヨタをあげて行なわれ、それに向けての練習が凄《すさ》まじいだけでなく、応援の練習がまたすごいのだそうです。でも、この運動会で培《つちか》われる一体感が、トヨタの強い結束力の源になっているので、会社の行事の中でもこれだけは絶対に欠かさないものとして、もう何十年も続いている伝統行事なのだそうです。

このように歓楽を上手に用いれば、ストレス発散になると同時に、人のやる気を掻き立て、結束力を高め、結果として日常の業務の向上にもつながっていくということです。

信用があればできないことはない

信を人に取ること難《かた》し。人は口を信ぜずして躬《み》を信じ、躬を信ぜずして心を信ず。是《ここ》を以《もっ》て難《かた》し。（録・148）

人から信用を得ることは難しい。いくらうまいことをいっても、人は言葉を信用しないで、その人の行ないを信ずる。いや、本当は行ないを信ぜずに、心を信ずるものだ。心を人に示すことは難しいのであるから、信を人に得ることは難しいことだ。

現代においても人から信用を得るのは難しいことですが、佐藤一斎が生きた時代は、いま以上に「信」という一字が重さを持っていました。

儒学では仁義礼智《じんぎれいち》忠信孝悌《ちゅうしんこうてい》と言って、「仁」が人としてもっとも大切な徳目とされていました。でも、それはあくまでも孔子の教えであって、実際の日本人の生活の中では、「仁」よりも「信」のほうが重かったのではないかと私は感じています。なぜなら、日本には「仁」という字を使った熟語が少ないからです。

皆さんも考えてみてください。パッと思い出せる仁のつく熟語はいくつあるでしょう。「仁義」「仁愛」などないわけではありませんが、決して多くはありません。

熟語になっていないということは、「仁」という一字そのものでしか、それを説明することができないということなので、どうしても感覚的に捉えにくいものになってしまうのです。

一方、「信」はどうかというと、信のつく熟語はすぐに思いつくだけでも「信用」、「信頼」、「信仰」、「自信」、「過信」、「確信」など、たくさんあります。そして、このように熟語がたくさんあればあるほど、それらの言葉をつなぐ糸のようなものが「信」ということになるので、感覚的にもわかりやすいのです。

仁というのは、自分がほかの人に対して示すやさしさという意味あいなので自分自身で完結する問題ですが、信というのは、他者からの信頼ということも重要なファクターなので人間関係を含んでいます。

日本人は、精神病理学者の木村敏《びん》さんが言うように、間《ま》というものを生きる習性があります。自分だけが独立して成長していくというよりは、感覚的には人間関係の中で自分が存在しているということです。だから日本人にとっては、「信」という言葉のほうが、生きるうえで仁よりも重要なキーワードになっていると言えます。

社会では、私たちは常に「信」を問われています。

フリーランスの場合、信用が第一というのはよく言われることですが、勤め人であっても信用がなければ責任ある仕事は回ってきません。

一つ仕事をするたびに、上手に信用を積み上げていくことができれば、だんだん仕事も選べるようになっていきますが、逆に信用を失ってしまえば、仕事を失うことになります。つまり、仕事をするということは、信用が増えるか減るかということなのです。

人にはみな「信」を入れる貯金箱のようなものがあり、仕事や人間関係を通して、それが大きくなったり小さくなったりする、という感じでしょうか。

そして、信用が大きければ大きいほど、仕事でも人間関係でも重大なことにかかわることができるし、必然的に収入も増えることになります。佐藤一斎も「信、上下《しょうか》に孚《ふ》すれば、天《てん》下《か》甚《はなは》だ処《しょ》し難《がた》き事《こと》無《な》し。（録・150）」（上下の人々に信用があれば、この世で出来ないことはない）と言っています。

信用がないと任されない仕事があるということは、どの範囲の仕事を任されてきたのかということが、社会の中での自分の位置を知る一つのメルクマールになります。だからこそ「信」というものが、社会の中での自分のポジションを替えていく原動力になるのです。

それほど大切なものなのですが、この仕事で自分はどれだけの信を得ることができたのだろうか、あるいは、どれだけの信を失ってしまったのだろうか、といったことを測る「信センサー」のようなものを自分の中に持っている人は少ないように思います。

でも、自分で思っている以上に、人はその人の信を測っています。

親は子どもをお使いに行かせるとき、最初から大金を持たせるようなことはしません。最初は買い物の値段ちょうどぐらいのお金を持たせ、次はお釣りがある買い物をさせ、レシートとお釣りの額を確かめます。きちんとそれが合っていれば、次は千円札を持たせるようになり、やがて五千円札、一万円札と、信用とともに持たせる金額も大きくなっていきます。

親でさえ、子どもの信用度を測っているのです。他人が何かを任せるときに、その人の信用を見ないはずがありません。

禍《わざわい》は口より出で、病は口より入る

人は最《もつと》も当《まさ》に口を慎《つつ》しむべし。口の職《しよく》は二用《よう》を兼《か》ぬ。言語を出《いだ》し、飲食を納《い》る是《これ》なり。言語を慎《つつ》しまざれば、以《もつ》て禍《か》を速《まね》くに足り、飲食を慎《つつ》しまざれば、以《もつ》て病《やまい》を致《いた》すに足る。諺《ことわざ》に云《い》う、**禍《わざわい》は口より出《い》で、病は口より入《い》る**と。（録・189）

人は最も口を慎しまなければならない。口は二つの職務を兼ねもっている。一つは言葉を発することであり、他は飲食物を取り込むことである。人が言葉を慎しまないと、禍を招くことがあり、飲食を慎しまないと、病気になることがある。諺に、「禍は口より出て、病は口より入る」とあるのは、全く今のべた意味である。

私は饒舌《じょうぜつ》を絵に描いたようなおしゃべりです。

いまはそうした自覚を持っていますが、実は昔は自分がおしゃべりだとは思ってもいませんでした。なぜなら、おしゃべりは齋藤家の気風だったからです。

「禍は口より出て、病は口より入る」とありますが、確かに、自分の人生を振り返ると、おしゃべりだったことで得をしたことは非常に少ない気がします。私の前半生は、総じて、言ったことでプラスになるより、言わなければよかったことのほうが多いと言えます。何しろ家族全員がおしゃべりだったので、余計なことを言うなという教育は、結婚してから妻に受けたのが最初だったのです。

いまでこそテレビにもよく出させていただいていますが、これも何度か出演するうちに、思いついたことをそのまま言うと、次は呼ばれないということを何となく理解するようになって、「言わないほうがまし」ということを学んだ結果です。

テレビにはよく毒舌をウリにしている人もいますが、実はあれは大変高度な技で、たとえるなら、F1レーサーがものすごいスピードでコーナーを曲がっているようなものなのです。毒舌なのだけど、実は誰も傷つけていない。傷つけていたとしても、それは暗黙の了解が取れている相手、たとえば後輩芸人だけだったりする。そういう高度な芸なのです。

こうした毒の怖いところは、それが総量で測られるわけではないということです。たとえば、いいことを九九回言っていたとしても、残りの一回でちょっと人を不愉快にさせてしまったら、それはもうアウトなのです。

言葉というのは水の中に落としたインクのようなもので、ほんの一滴でも全体をその色に染めてしまいます。実際には一滴と水の量の割合は、一対九九どころか、一対一〇〇〇くらいだと思うのですが、量の多寡《たか》は関係ないのです。

一滴の重みが違いすぎる。でも、それがいまの時代の現実です。最近は傷つくことを激怒に変えていく人たちがいて、いわば潜在的な悪意が増幅するような装置があると言えます。そこでは善意も増幅するのですが、悪意も増幅してしまう。

でも、そこを刺激してはいけないということは人間関係でも同じです。言ってはいけないことを言わないほうが、言うべきことを言い損《そこ》ねるよりもましというところがあるため、日本はどうしてもディフェンシブな、すごく守りの強い地味な社会になる傾向があります。

私は個人的には、この社会がもっと攻めの方向に変わっていってほしいと思っています。言いたいことを言っても、プラスポイントが大きいほうがいい、マイナスの失言があったときには互いに反省と我慢をしようというほうが社会は発展すると思うからです。

でも、いまはまだそういう社会ではないので、いまの社会を生きていくルールは身につけなければいけません。そういう意味で私は、自分に言い聞かせるとともに、子どもにも「コメントは言う前に考えろ」、「言う前に言ったらどうなるかを考えろ」と言いつづけました。

実は、私はやってしまったことがあるのです。

それはまだ私が大学院生のときのことです。ある教授に「齋藤君、この授業はどうだったね」と聞かれたときに「いや、こういう授業をやっていても力はつかないと思います」とはっきり言ってしまったのです。

当時の私は、思ったことをそのまま言えばいいと思っていたのです。しかも、それを貫くのが自分の信念だ、ぐらいに考えていたのです。でも、その結果はかなり厳しいものでした。

私が期待していた素直さとか正直さが評価されることはなく、論文も落とされてしまいました。論文の出来《でき》が良くなかったのが主因だったのでしょうが、発言もマイナスに働いたと思います。友達に「お前はバカか、教授にそんなことを言ったら落とされて当然だろう」と言われましたが、その通りだったのです。

思ったことを正直に言うのがいいと言う人もいますが、正直に言えば誠実だと評価されるなんてことは現実にはほとんどありません。

言ったらどうなるか、それをきちんと考えてから言えるかどうかが、子どもと大人の違いなのです。

裸の王様という童話で、「王様は裸だ」と言ったのは子どもです。でも、あの一言は子どもだからこそ言えた一言なのです。もし大人が先に言っていたらどうなったでしょうか。おそらく、その人の命はなかったでしょう。

私はいろいろと痛い目に遭って大人になったので、自分の子どもには痛い目に遭う前に大人になれるよう「考えてから言え」と言いつづけました。

佐藤一斎のこの言葉も、私のような親心から出た言葉と思って胸に刻んでください。

他人には「春」、自分には「秋」

春風《しゅんぷう》を以《もっ》て人に接《せっ》し、秋霜《しゅうそう》を以《もっ》て自《みずか》ら粛《つつし》む。（後・33）

春風のなごやかさをもって人に応接し、秋霜のするどさをもって自らを規正する。

これは言志四録の中でも有名な言葉なので、覚えておくといいのではないでしょうか。人に接するときは、「北風と太陽」の太陽のように温かく接し、自分をコントロールするときは、秋の霜のように厳しさをもって行ないなさいということです。

このように自然の持つイメージを比喩に使うというのは、日本人には感覚的にとてもフィットするので、わかりやすいからでしょう。

自分が人に接するとき、春風のように接しているか。

そのことを常に自分に問うために、「春風をもって人に接す」と、自分の手帳に書いておくとか、小さな紙に書いて机のところに置いておく。それだけで人に接するときの態度は大きく変わっていくと思います。

反対に、自分を律するときには調子づかずに、秋の霜の冷たさをイメージする。人の行動とか心というのは、意識よりもイメージで動いていくものなのだと思います。

ですから、正しいことをやろうとか、人にやさしく接しようというよりも、春の風になった自分をイメージしてごらん、とか、自分の中に秋の霜が降りたようなイメージで、といったほうが、行動や心に反映させやすいのです。

私は子どもたちに教えるときに、次は石になってみようとか、次はふわふわした煙になってみようとか、水になってみようということを言います。すると、不思議なことに、実際子どもを持ち上げてみたときに、持ち手の人たちが、石をイメージしたときのほうが、煙をイメージしたときより重く感じると言うのです。

おもしろいのは、水をイメージしたほうが、石よりも重く感じられたことでした。確かに、水は形が定まらないので、容器がかっちりしたものでないと、持ち上げるのは石より大変です。でも、子どもたちがそんなことまで考えてイメージしていたわけではありません。イメージだと、無意識のうちにそこまでの違いを体現できるということです。

実際に子どもの体重が変わるわけではないので、これは、イメージが体の状態を変え、体の状態がその人の雰囲気を変えた結果だと考えられます。

イメージは正確に描ければ、それだけ心と体を上手に変化させるだけの力を持っています。そんなイメージの力を活用するためにも、私たちは普段からもっと自然に接しておくことが必要ではないでしょうか。

春の風を感じる季節には外に出て、春の風の温かさや明るさを感じておく。夏には夏の暑さを、秋には秋の風を感じ、冬には雪の冷たさを感じておくこと。

それがやがてあなたの心をつくっていくのです。

相手に聞いていることを伝える

能《よ》く人の言《げん》を受くる者にして、而《しか》る後《のち》に与《とも》に一言《げん》す可《べ》し。人の言《げん》を受けざる者と言わば、翅《ただ》に言《げん》を失うのみならず、秖《まさ》に以《もっ》て尤《とが》めを招《まね》かん。益無《えきな》きなり。

（後・168）

よく人の言葉を受け容れる者であって、初めてその人とともに一言を交《まじ》えても宜《よろ》しい。人の言葉を受け入れない者と言葉を交《かわ》せば、ただ言葉を損するばかりでなく、(つまりしゃべっても何の甲斐もないばかりでなく)、かえってそのために言葉の咎《とが》を招くであろう。全く益のないことだ。

これは、相手の言葉を聞かない人と話していても仕方がない。だからこそ、人の心を受け入れる者でありなさい、ということです。

コミュニケーション能力は、人間関係を維持するうえで必要不可欠なものです。

最近、「婚活」がブームになっていますが、女性に嫌われてしまう男の人のタイプがいろいろ言われている中で、もっとも嫌われるのは、女性の言葉をきちんと聞かない男性、聞いているようでも、上《うわ》っ面《つら》だけで処理してそのことが少しもその後の会話や行動に反映されない、いわゆる「相手の言葉を聞かない男性」だと言われます。

女性は比較的コミュニケーション能力の高い人が多いので、男性はまずそこを判定され、ふるいに掛けられているのです。

職場でも相手の言葉を聞かない人は嫌われます。特にこれからの上司というのは、これまでのようにがんがん自分で引っ張っていくというタイプではダメで、下の若い人たちの意見をうまく聞くタイプでなければ務まらなくなってきています。

しかも、聞くだけではなく、「聞いてもらえているんだ」ということが相手に伝わらないといけません。実際にはきちんと聞いていたとしても、それが相手に伝わらないと、若い人はついてこないからです。

では、どうすれば「聞いている」ことが伝わるのでしょう。

私が実践しているのは、若い人たちの名前を引用しながら話を進めるという方法です。

授業をやっていて、たとえば誰かが何か意見を言い、その意見から話が展開していったような場合、「じゃあ今日は、○○さんの方式でやってみよう」というように、板書するときにその生徒の名前を書いてしまうのです。いま自分たちはその人の意見でこうなったということを、明確に伝えるのです。

そうすると、相手は自分がその場に貢献したことが明らかになるので、名前を言われたり、黒板に書かれたりすることが一つの「名誉」になるわけです。

これは授業の例ですが、会社でも同じことができます。

会議の席などで、それが誰の意見であったとしても「じゃあ、××さんの意見を採用してこうすることにした」というように、著作権ではありませんが、書類にもその人の名を明記して引用するのです。

上司というのは、なんとなく部下の手柄を自分の手柄にしてしまうところがあるのですが、そこをあえて個人名を出してはっきりさせるのです。板書とかホワイトボードに自分の名前が書かれると、子どもたちは素直に喜びます。でも、自分が評価されて嬉しいのは大人も同じです。

ですから会議では、上司はむしろ書記のようなスタンスで、みんなの意見をホワイトボードにメモしながら全体をリードしていくような役割になると、全体の流れを把握しながら、人の意見を聞くということが自然と身につくので、とてもいいと思います。

才能よりも包容力を持て

才《さい》有りて量《りょう》無《な》ければ、物を容《い》るる能《あた》わず。量《りょう》有りて才《さい》無ければ、亦事《またこと》を済《な》さず。両者《りょうしゃ》兼《か》ぬることを得可《うべ》からずんば、**寧《むし》ろ才を舎《す》てて量を取らん。**（晩・125）

人は才能があっても、度量がなければ、人を包容することはできない。反対に度量があっても才能がなければ、事を成就することはできない。ところで、才と量との二つを兼ね備えることができないとしたら、いっそ才能をすてて度量のある人物となりたい。

才能と度量のどちらを選ぶか。

もちろん、才能も度量も両方持てればそれに越したことはないのですが、人間の器の問題として二つを持つことができないのであれば、自分は度量のある人物になりたい。そう佐藤一斎は言います。

能力さえあれば何でもできるはずだ。最近の風潮を見ていると、そのように考えている人が多いようにも感じます。確かに、能力が高いほど、できることは増えるでしょう。

しかし、それはあくまで一人での話です。三本の矢の話ではないですが、一人ひとりはそれほどでなくても、数人が協力することによって、能力の高い一人よりももっと大きな仕事ができるかもしれない。

社会全体という視点で見たときには、そのほうがより幸せなことかもしれません。

そういう協力関係を引き出すのに必要な能力こそ「度量」すなわち包容力ではないでしょょ

うか。

最近は「度量」という言葉が使われることが減ったので、才能より度量といってもあまりピンとこないかもしれませんが、度量というものの価値を見直すためにも、この言葉を紹介しようと思いました。

度量のある人物というのは、精神が安定していて、いろいろなものに対して冷静に対処することができるうえに、人の気持ちもよくわかっている、そういう器の大きさを持った人のことです。

こうした人としての器の大きさは、いまも昔と変わらず求められているのですが、それを表現するのにぴったりな言葉を、いまは失っているような気がします。

そういう意味では「才（才能）を舎てて量（度量）を取らん」というこの言葉は、憶えておくとよいでしょう。

禍は下からでなく、上から起こる

諺《ことわざ》に云《い》う、禍《わざわい》は下《しも》より起こると。余謂《よい》う、是《こ》れ国《くに》を亡《ほろぼ》すの言《げん》なり。人主《じんしゅ》をして誤りて之《これ》を信ぜしむ可《べ》からずと。凡《およ》そ**禍《わざわい》は皆上《みなかみ》よりして起こる**。其《そ》の下《しも》より出《い》ずる者と雖《いえど》も、而《しか》も亦《また》必ず致《いた》す所有り。（後略）（録・102）

諺に「禍は下より起こる」というのがあるが、自分はこう思う、「この諺は亡国の言であって、人主をして誤ってこれを信じさせてはいけない」と。すべて禍は上より起こるものである。下から出た禍でも、また必ず上に立つ者が、はたらきかけて、そういう風にさせるところのものである。

これは、ひとことで言えば、「結局、責任は上司にある」ということです。人の上に立つ人は、この言葉をぜひ心に留めておいていただきたいと思います。佐藤一斎は、ここでわざわざ「禍は下より起こる」という諺《ことわざ》を引き合いに出し、この諺は亡国の言なのだから信じてはいけない、とまで言っています。

このように、既存の諺の言葉を入れ替えるという手法は、とてもおもしろく、また効果的です。そうすることによって、一般的にはこう言われているけれど、禍というのは、実は下からではなく上から起こるものなのだ、と固定観念の転換がなされるからです。

では、なぜ禍は上から起こるのでしょう。

それは、上の能力が下の出来をすべて決めているからです。

そう考えると、授業の良し悪しなどはその典型と言えます。

中・高の授業は教科ごとに先生が替わりますが、そうすると先生が替わるだけで、教室の雰囲気がまったく違うものになることがはっきりとわかります。能力の低い先生の授業しか知らないので、「このクラスはダメだ」と思っていますが、実際には生徒は、自分の問題ではありません。先生の出来不出来が教室の空気を決めているのです。ですから、まさに上より禍が起こっているわけです。

でも、禍が上から起こるということは、同様に「福」もまた上から起きてくると言えます。

いい意味で人心が一新するのは、やはりリーダーが替わったときです。

サッカーでは監督をどんどん替えますが、あれはそうすることでチームに刺激を与えて、変化を起こすためです。

たとえばトルシエ監督のときの日本代表チームでは、ものすごく波風が立ちましたが、結局はそれが大きな刺激となって、揉《も》めたけれどもそれなりの結果に結びつきました。オシム監督が来たときも、最初は何を言っているかわからないと思ったけれど、やはりいい刺激になりました。

このようにリーダーを替えると、全体が大きく変化します。ですから、停滞感を打破したいというときは、下を変えるよりも上を替えたほうが結果は早く現われます。

場の雰囲気の七割、八割は上司で決まります。

これが対等な関係性だと、四人いたら、四人の人格的雰囲気が合わさって場の雰囲気になるので、一人の重さは基本的には四分の一ずつです。でも実際には、対等の立場であっても、その四人の中でもっとも影響力の強い人が、場の雰囲気の半分ぐらいを占めてしまうのが現実でしょう。影響力の強さが人格的雰囲気の割合を変えていってしまうということです。

上司は、まさにそうした影響力の強さを担った存在なので、場の雰囲気を支配することになるのです。

一人の上司には空気を変えることができる。そう考えると、すべては上より起こるというこの言葉は、上に立つ者に対する戒《いまし》めであると同時に、発展の可能性を謳《うた》った言葉であると言えます。

教育とは、天から与えられた仕事だ

能《よ》く子弟を教育するは、一家の私事に非《あら》ず。是《こ》れ君《きみ》に事《つか》うるの公事《こうじ》なり。君に事《つか》うるの公事に非《あら》ず。是《こ》れ天に事《つか》うるの職分《しょくぶん》なり。（録・233）

よく子弟を教育するのは、一家の私事ではない。これは君につかえる公事である。いや、それどころではない。人間として天につかえる大切な本分である。

私自身、教育学者として教育方法の研究と実践に携《たずさ》わり、その大切さやおもしろさを説いてきましたが、やはり教育というのは大変なものでもあります。

しかし、学校の先生はもちろん、親となった人や、学校のサークルの上下関係、会社での指導など、広い意味で捉えれば、ほとんどの人が教育に関係するといってもよい中で、その大変さばかりがクローズアップされてしまってはいないでしょうか。

教育とは、とても素晴らしいものです。そして、教える側がそのことに情熱を持って伝え、教わる側にもっと学びたいという意欲を掻き立てることがもっとも重要なことだと思っています。私はそれを、「あこがれの伝染」と呼んでいます。

ですから、教育を単に「学校の中だけのもの」「家庭の中だけのもの」として狭く捉えずに、「天につかえる仕事」すなわち世の中全体のためにやっているのだと思えば、その価値の大きさがわかってくるのではないでしょうか。

教育の難しさは、教える側と教わる側の距離感にあります。

佐藤一斎も、そのバランス感覚の必要性を説いています。

「子《こ》を教《おし》うるには、愛に溺《おぼ》れて以《もっ》て縦《じゅう》を致《いた》すこと勿《なか》れ。善を責めて以《もっ》て恩を賊《そこな》うこと勿《なか》れ。（後・159）」

子どもへの愛に溺れてわがまま放題にさせてはいけない。善行を強いて、子どもに反感を覚えさせるようでもいけないというのです。

さらに一斎は、教育のうえで選ぶべき大切なものとして、こう言っています。

「三つの択《えら》ぶ可《べ》きもの有り、師択ぶ可し、友択ぶ可し、地択ぶ可し（後・161）」

先生を選んで、友達を選んで、教える土地を選べ。孟母三遷《もうぼさんせん》ではないですけれど、いまは先生を選ぶという感覚があまりないので、そういう意識を持つのはいいことだと思います。

実は私が最初に先生を選ぶことの大切さを痛感したのは、子どもが音楽を習ったときでした。子どもが音楽を習いはじめたとき、実は最初はうまくいかず、この子は音楽のセンスはないのかなと思いかけました。けれども、たった一度のことで決めてしまうのはいけないのではないかと思い直し、もう一人だけ先生を試してみることにしたのです。すると、その先生とはすごくフィットして、子どもも楽しく音楽を習うようになったのです。

通い事、習い事は先生次第です。

一人目で自分に合った先生に巡り合えるというのは、むしろ希《まれ》なことなのです。そう考えれば、三人でも、四人でも、この人だと思える先生に巡り合えるまで試してもいいのではないでしょうか。

先生を選ぶのも、友達を選ぶのも、場所を選ぶのも、そもそもそうしたものを「選ぶ」という意識を持つところに、実は成長の鍵があるのです。

そのあたりは、子どもの教育ということだけでなく、自己教育においても大きなポイントとなるのです。

守りの中でこそ攻めの意識を持つ

創業、守成の称《しゆせいしよう》は、開国、継世《けいせい》を泛言《はんげん》するのみ。其《そ》の実《じつ》は則《すなわ》ち**創業の中《うち》に守成有り、守成の中《うち》に創業有り**。唯《た》だ能《よ》く守成す、是《これ》を以《もつ》て創業す。唯《た》だ能《よ》く創業す、是《これ》を以《もつ》て守成す。（後略）（晩・128）

創業（国を創《はじ》めてその基《もと》を建てること）と、守成（先君の後を守って失わないこと）とは、一般的に国を開くということと、世を継いでいくことをいうのである。その実際を見ていくと、創業の中に守成があり、守成の中に創業があるのである。ただよく守成する者が、よく創業する。ただよく創業するものが、よく守成するのである。

「創業の中に守成有り、守成の中に創業有り」

この場合、より重要なのは、「守成の中に創業有り」、つまり、継いでいくときには創業の志を持つことです。

これは、創業の気合いを持たないと事業は引き継げない。いまあるものを守るという意識だけでは、なかなかうまくいかないということです。

この言葉は、特に三代目以降の人には心に強く刻んでいただきたいと思います。

二代目というのは、創業者と一緒に仕事をした経験を持っているのでまだいいのです。三代目は、創業者の全盛期を知らないことが多いので、どうしても自分が受け継いだものを守るということを考えてしまいがちです。しかし、そういう守りの意識こそが、危機を招くことになってしまうのです。

これはあくまでも意識の問題なので、何でも変えればいいということではありません。伝統やいいものは守りつつ、新しいものを作りだすという創業の志を持つことが大切です。この意識を持たず、いままで通りやっていくことだけしか考えないと、段々と落ちていくことは避けられません。

これはどのような事業でも同じです。

先日、ある有名なラーメン店のご主人が言っていましたが、ラーメン屋でも長く続いているところは、それまでの味を踏襲しながらも、少しずつだしが濃くなっているのだそうです。

十年前、五年前と同じ味だと、「変わらないね」というよりは、「何かおいしくなくなったね」という評価をされてしまうからです。

「時代が進歩しているのだから、自分たちも進化しつづけないとだめになってしまう。だから同じ味を守ると言っているけれど、実はだしの量が変わっているんですよ」

人間は常に進歩を目指しつづけなければ、いまの位置にさえ止まることができないのかもしれません。

第三章　志があれば、何からでも学べる

学習法

人生はいつでも学ぶべきときである――「三学の教え」

少《しょう》にして学べば、則《すなわ》ち壮《そう》にして為《な》すこと有り。
壮《そう》にして学べば、則《すなわ》ち老《お》いて衰《おとろ》えず。
老《お》いて学べば、則《すなわ》ち死して朽《く》ちず。（晩・60）

少年の時学んでおけば、壮年になってそれが役に立ち、何事か為すことができる。壮年の時学んでおけば、老年になっても気力の衰えることがない。老年になっても学んでいれば、見識も高くなり、より多く社会に貢献できるから死んでもその名の朽ちることはない。

これは「三学の教え」となっているもので、ここでは「少・壮・老」それぞれの人生の時期には、すべて学ぶべき意義がある、ということを説いています。

これは『言志四録』の中でもとりわけ有名な言葉で、学びの専門家・佐藤一斎の教えが凝縮されているとも言えます。

私たちは勉強しなければいけないと思いつつも、常に「やらなくていい理由」を探してしまいがちです。学生時代は、こんな勉強に意味があるのか、年を取れば、もう遅すぎるのではないのか……といった具合です。

けれども、一斎先生は、それぞれの人生の時期にはそれぞれの学ぶ意義があるといっています。

若い頃、なぜ勉強しなければいけないのかと悩む人は少なくありません。でも、若いときには、やはり若いときにしか耐えられない勉強というのがあります。

たとえば、世界史のような教科は、そのおもしろさや重要性が実感できるのは年齢を経てからかもしれませんが、年代や人名、条約やものの名前など、細かい記憶に関しては、若いうちでなければなかなか覚えられないものです。

そのときは、なぜこんなことを覚えなければいけないのかと思うかもしれませんが、このときにできるだけ詰め込み、一応の地図のようなものをつくっておくと、後々の勉強がぐっと楽になり、大人になってから専門知識を吸収するのに役立ちます。

壮年期は、仕事のうえでも大いに学ぶべきときです。もちろん仕事以外にも、語学や趣味など教養を高める努力をすれば、それらは老いたときに必ず活きてくるでしょう。

年を取れば、体力の必要な仕事では若い人たちにかなわなくなってしまうでしょうが、それを補って余りある経験や知識があれば、若者とは違う戦力として、社会に貢献することができるはずです。

また、老いて学べば「死して朽ちず」というのは、少々大仰な感じもしますが、老いたときにはとにかく「学ぶ」ということ自体が、気力と体力の源泉となり、長生きに導いてくれることは間違いありません。

年を取ってからは、学ぶということほど素晴らしいことはありません。なぜなら、学ぶのには莫大なエネルギーと、多くの時間を必要とするので、退屈したりボケたりしている暇がなくなるからです。つまり、老いれば老いるほど学ぶことの素晴らしさが、人生において比重を増していくということです。学んでいるとき、人は若々しい精神を保つことができます。

そう考えると、人生において、学ばなくていいときはないと言えます。若いときは未来の自分のために、壮年期は活力ある老年期を迎えるために、そして、老年期はいまを楽しむために、三学にはすべて価値があるのです。

師をどう選べばよいか

太上《たいじよう》は天を師とし、其《そ》の次は人を師とし、其の次は経《けい》を師とす。（録・2）

最上の人は宇宙の真理を師とし、第二等の人は立派な人を師とし、第三等の人は経典を師とする。

師をどう選ぶか、かつてこれはとても大きな命題でした。どの道を進むべきか、何を学ぶべきかについては、師となる人を通して教えを受けていたからです。

最近は、師というものを持たない人が増えていますが、そうした生き方も、さまざまな情報を手に入れやすくなった時代の流れかもしれません。また、師を自ら選ぶという意識が薄れたのには、学校教育の影響も大きいと言えるでしょう。学校の先生は自分が選ぶものではありませんし、卒業と同時に離れてしまうものだからです。

本来の「師」というのは、もっと自分と密着したものです。しかも自分が選ぶもので、選んだなら生活を共にするなど、全人格的に影響を受け、生涯にわたる関係を築き上げるものです。だからこそ、師をどう選ぶかということは、とても大きな問題だったのです。

しかし、考えてみると、師を選ぶという意識が薄くなったからこそ、いまはよい師に出会うことがなお一層難しくなっているとも言えます。

いまは、師を求めるより「自分探し」をする人が増えています。でもそれも、根底にあるのは、いまの自分なんて、それほどたいしたものではないという思いです。たいしたことがないからこそ探しにいくのですが、うまくよい師と出会うことができればいいものの、「師から学ぶ」という意識が薄い分、耳ざわりのよいことを言うだけの、たちの悪い人にひっかかってしまう危険性もあります。

このように昔といまとでは難しさに違いはあるものの、よい師を選ぶのはなかなか難しいということでは同じです。

そうした師選びの方法を、佐藤一斎は「天」と「人」と「経《けい》」という三つの段階で提案しています。ちなみに経というのは教典や経典を意味する語ですが、ここでは古典といっていいと思います。

私はこの順番がとてもおもしろいと思うのですが、まずもっともいいのは「天」を師とすることだと述べます。

天というのは、簡単に言えば自然ということですが、なぜ自然を師とするのがいいのかというと、自分自身もまた自然の一部だからです。

自然は、膨大な時間をかけて整ってきた「調和」の上に成り立っています。

先日、『オーシャンズ』という自然の生き物を撮影したドキュメンタリー映画をみましたが、地球上にはさまざまな生き物が絶妙なバランスを保つことで、この調和を作り上げているのだということをあらためて痛感させられました。

一見すると、海底で不思議なほど大量に積み重なっているように見えるカニにも、たくさん生まれる亀の卵の数にも、バランスを保つための意味がちゃんとあるのです。だから人間が外来種を持ち込んだり、ある特定の種を乱獲《らんかく》したりすると、バランスが崩れて、さまざまな災《わざわ》いを招くことになってしまうのです。

そんな自然のバランスを学ぶことで人は、人間としての本来の姿、自分自身が進むべきまっすぐな筋が見えてくるということです。

次によいのが、生きている人の中から先生と呼ぶにふさわしい人を探すことです。

ただ、相手にいくら力量があっても、その人との関係が難しくなってしまったのでは元も子もありません。ですから師は、自分との距離感を考えて、人格第一で選ぶのがいいのではないかと思います。

その点、学校の先生というのは、なかなかいい距離感を保てます。特に大学や高校の先生は大勢の人を相手にするのに慣れているので、変に密着した狭い二者関係に陥《おちい》って、マインドコントロール的になることが少ないからです。

私自身、いまだにおつきあいしている高校時代の先生がいますが、卒業後そうした先生に相談したりすることは、わりと安定した関係を保ちやすいのです。

最後の提案は、古典を師とすることです。

一応古典と申し上げましたが、自分にとって軸となる、そこに立ち戻ることのできる本であれば、必ずしも古文で書かれた古典である必要はありません。

では、どのような本を選ぶといいのでしょう。

基本は、読んだときに心をニュートラルな位置に戻してくれるものを選ぶことです。

私たちの心というのは、常に揺れ動いています。予想外のことや悲しいことに出遭うと、動揺してしまう。これは仕方のないことです。大切なのは、心が揺れ動かないようにすることではなく、乱れたときにできるだけ素早く整える術《すべ》を持っておくことです。

私も、それを読むと気持ちが整うという本を何冊か持っていますが、私の場合はそういう本を音楽とセットで持っています。トラブルが多く落ち込んだときや、何もかも嫌になった日、なんとなくやる気が起きない日や、面倒臭いことが起きてしまったときなどに、その音楽を聞きながら本をパラパラめくっていくのです。すると、次第に自分がニュートラルの状態に戻っていくのがわかります。

もちろん時には、ギアをガシガシ上げていくような本もあっていいですが、自分の心を普通に戻す本というのは基本の一冊として持っておくとよいでしょう。つい私たちは自分の能力を上げるための方法のみを考えがちですが、実際には、悪い状態の心を普通に戻したほうが、生産性が上がるケースが多いからです。

そういう意味では本を選ぶ観点として、自分がその本に触れると、自分のメンタル、心の状態をいい状態にセッティングし直せるものという観点で選んでみてください。

何気なくぱらっとめくっても、その中の一言を読むだけで自分を取り戻せる本、そういう本が師と呼べる一冊なのです。

志があれば何からでも学べる

緊《きび》しく此《こ》の志《こころざし》を立てて以《もつ》て之《これ》を求めば、薪《たきぎ》を搬《はこ》び水を運ぶと雖《いえど》も、亦《また》是《こ》れ学の在《あ》る所なり。況《いわん》や書を読み理を窮《きわ》むるをや。志の立たざれば、終日読書に従事するとも、亦《また》唯《た》だ是れ閑事《かんじ》のみ。故に学を為すは志を立つるより尚《かみ》なるは莫《な》し。（録・32）

志を立て、これを求めれば、たとえ、薪を運び、水を運んでも、そこに学問の道はあって、真理を自得することができるものだ。まして、書物を読み、物事の道理を窮めようと専念するからには、目的を達せないはずはない。しかし、志が立っていなければ、一日中本を読んでいても、それはむだ事に過ぎない。だから、学問をして、聖賢になろうとするには、志を立てるより大切なことはない。

言志四録には「志を立てる」ことの大切さが、いろいろな言葉で述べられています。

ここでは志を立てていれば、薪を運んだり水を運んだりしているだけでも、そこから学ぶことができるが、志を立てていなければ一日中読書をしていたとしても、何も学ぶことはできないと述べられています。つまり、学問をする一番のポイントは志を立てて学ぼうとすることであって、本を読んで知識を得ることが必ずしも学問ではないということです。

私は、この言葉を読んだとき、単に学問を志す人だけでなく、「就活《しゅうかつ》（就職活動）」に苦労している学生さんにも、ぜひ心に刻んでいただきたい言葉だと思いました。なぜなら、就職活動では、この「志の有無」を見られている可能性が高いからです。

たとえば、「マスコミに行きたい」と言う人は多いのですが、こういう人は志があるようで実はないことが多い。

自分はマスコミのなかでもどのようなことがやりたいのか、それはなぜなのか。ただ「マスコミに行きたい」と言ってしまうのは、そうした具体的なことが何も明確になっていないからです。こういう人はおそらく、漠然とした憧れから、「マスコミって格好いいんじゃない」と思っているだけなのではないでしょうか。

でも面接では、本当の志があるかないかを問われます。そのため、そこに答えるだけの明確な意志がなければ、それはやはり見抜かれてしまいます。

佐藤一斎はこの次の条で続けて、「志有るの士は利刃《りじん》の如し。百邪辟易《ひやくじやへきえき》す。志無きの人は鈍刀《どんとう》の如し。童蒙《どうもう》も侮翫《ぶかん》す。（録・33）」と述べています。

これは志ある人は鋭利な刃のように鋭く、邪《よこしま》なものを引き払う力を備えているけれど、志のない人は鈍い刀のようなもので、いろいろな魔物に魅入られやすいという意味です。つまり、志がない人は誘惑に負けやすいので、物事を成し遂げられないということです。

いまの時代、「志を立てよ」と求められることは、あまりありません。では、志を立てる必要はないのかというと、そんなことはないのです。人が人物を見定めるときには、やはりその基準として相変わらず立志ということが重要なポイントとして見られているからです。

能力の有無ももちろん重要な要素ですが、正直言って、細かいことは仕事をしていく間に慣れてもらえばいいのです。仕事に入る前にそれ相応の志を立てているかいないかのほうが、その後の仕事に対する姿勢を大きく左右するので、絶対に必要なものなのです。

立志があれば、たいていのことは乗り越えていけると相手に思わせることができる。そういう意味では、現代においても、「立志」は人を動かし、人事を動かしているものなのだと思います。

自然の生命力から学ぶ

草木《そうもく》を培植《ばいしょく》して、以《もっ》て元気機緘《きかん》の妙を観る。何事か学に非《あら》ざらむ。（録・57）

草木を培養して、その生々発育する気運の微妙を観察すると大いに得るところがある。（志さえあれば）何事でも修養の資料になるものだ。

草木を育てることで、「発育する気」を見る。それも学ぶことであると言います。「発育する気」というと何やら難しそうですが、これは志を持った人が、植物のように発育する生き物の姿を観察していると、そういう微妙な変化の中に学ぶものがあるということです。

二十代の若者だと、まだ庭の草花に心が強く惹《ひ》かれるという人は少ないかもしれませんが、人は年を取ると、あるときにふと心が向くようになって、やがて草花が心に掛かるようになります。

実際、年を取ってからガーデニングや庭いじり、盆栽などを始める人はたくさんいます。もちろんそこには気晴らしになるということもあるのでしょうが、対象が日々生長していく姿に、他の趣味では感じられない生命力を受け取ることができるからというのが、大きな理由の一つでしょう。

植物を育てることは、人類共通の趣味と言ってもいいでしょうが、やはり人には草花を育てたい、それが生長し、花が開くのを見たいという気持ちが備わっているのではないでしょうか。農耕民族である日本人ならなおさらのことです。

そして、そういうものを見たいと思うのは、見ることによって、こんなふうに生きていくのが自然なあり方なのだということを、その草花に教えられるからなのだと思います。

詩人であるとともに自然科学者でもあったゲーテは、植物が種から芽を出し、生長し、花をつけるという一連の現象、すなわち「植物のメタモルフォーゼ（変態）」を克明に記録し、その不思議さに大きな刺激を受けています。植物の生長という現象そのものの中に、生命の本質を見ている。それはまさに、その変化の精妙さに学ぶということなのです。

自然から「回す力」を学ぶ

終年都城内《しゅうねんとじょうない》に奔走《ほんそう》すれば、自《おのずか》ら天地の大《だい》たるを知らず。時に川海《せんかい》に泛《うか》ぶ可《べ》く、時に邱壑《きゅうがく》に登る可《べ》く、時に蒼莽《そうぼう》の野に行く可《べ》し。此《こ》れも亦心学《またしんがく》なり。
（後・66）

一年中都会の中で東奔西走しているのでは、おのずと天地の大なることがわからない。だから、時には川や海に出て舟を浮べ清遊《せいゆう》を試みたり、時には山岳に登って英気を養ったり、時には青々として果しない野に出るがよい。これまた心を修める学問である。

都会で生活して、家の中に籠《こ》もって勉強ばかりしているのではなく、時には山や川へ行って遊んだりすることが、心を修め、学ぶことにもなる。これは「時には自然に親しめ」という教えです。

必ずしも山や海まで行かなくても、近くの公園を散歩したり、河原へ行ったりするだけでも、自然に接することによって、私たちの体は自然の影響を受け取ることができます。

では、なぜ自然の影響を受けることがいいのでしょう。

それは、自然が持つ「サイクル」を自分の中に組み込むことにつながるからだと思います。

実は、最近つくづく思うのですが、仕事というのは、八割を九割にし、九割を九割五分にし、九割五分を九割八分にしようとひたすら頑張るより、だいたい七、八割の出来《でき》で、一定のリズムで回していくのがいいのではないでしょうか。

私がそう思うようになったのは、本当に仕事ができる人は、上手に仕事を回しているということに気づいたからです。

たとえば、ビートたけしさんなどは、実に上手に仕事を回しています。いつもすごく忙しそうに見えるのですが、この一週間は収録をやって、もう一週間は完全に空けて映画の準備をしたり、自分自身のために使ったりと、とても上手にメリハリをつけながらリズムよく仕事を回しているのです。

このように一週間を回す、一カ月を回す、あるいは仕事が入ってから納品するまでを回すという「回す感覚」を持つことが、実は仕事を上手に続けていくポイントなのではないかと思うのです。

回すという感覚を持っていないと、一つの仕事が終わったときに虚脱状態に陥《おちい》ってしまうことがよくあるからです。全力を出しきり、完全にやりきるというのはいいことのようですが、それによって止まってしまってはだめです。

自然は決まったサイクルの中を常に回りつづけています。私たちの仕事も、季節が移り変わるときのように、一つの仕事が終わる前に次の仕事を入れ、スムーズに移行していくことが理想です。そのためには、七、八割の出来でもいいので、常に安定して回していくことが望ましいのです。

イメージはウイスキーづくりです。十年物のウイスキーを提供しつづけるためには、ウイスキーを毎年仕込むことが必要です。どんなにいいものでも十年仕込んで売って、それからまた新たに仕込むのでは、十年のブランクができてしまいます。

常に美味しいウイスキーを提供するために、つまりブランクやムラをつくらないために、あえて七、八割の出来で回していくという感覚を持つ。これも自然のサイクルに倣《なら》った仕事術だと思います。

字のない本を読め

学は自得するを貴《たっと》ぶ。人徒《いたず》らに目を以《もっ》て字有《あ》るの書を読む。故に字に局《きょく》して、通透《つうとう》するを得ず。当《まさ》に心を以《もっ》て字無《な》きの書を読むべし。乃《すなわ》ち洞《とう》して自得《じとく》する有らん。（後・138）

学問は自ら心に悟る事が貴《とうと》い。けれども人はただ目で文字のある書物を読むだけだから、文字にとらわれて背後にある物事の道理を見透すことができない。心眼を開いて、字のない書物、すなわち実社会の種々な事柄から学ぶべきだ。そうすれば、ほがらかに、自ら心に悟るところがあるだろう。

「心を以て字無きの書を読むべし」というのは、字のない本、すなわち実社会や現象というものこそ読まなければならない、ということです。

本を読むことは確かに勉強になります。でも、本を読んでいればそれだけで実社会に通用するかというと、なかなかそうはいきません。経営者などは本を読んでいるだけでは決して務まらないと思います。だからこそ、社会という名のテキスト、字のない本を読み解く力を養うことが大切なのです。

ドイツの哲学者フッサールが説いた現象学では、先入見《せんにゅうけん》（思いこみ）にとらわれず徹底して現象を「見る」ことが求められます。

「見る」ということは、普段から誰もがやっていることなので、みんな自分は見ていると思っています。でも、現象学を学び、徹底して現象を見て、それを丁寧に記述していくということをやっていると、それまでの自分がいかに現象を見ていなかったということに気づかされます。

それと同じで、現象それ自体を読むということは、単に知るということではなく、その現象の意味や背景、あるいは影響や関係などを「読み解く」ということです。これは、単に本を読んで内容を理解するよりずっと難しいことです。

でも残念ながら、字で書かれた内容を記憶する勉強ばかりしてきた人は、こうした現象を読み解く訓練がほとんどできていません。

実際、ＰＩＳＡという世界規模で行なわれているＯＥＣＤの学力調査の結果を見ると、いま、日本人の読解力が急激に落ちてきていることがわかります。中でも日本人が弱いのは、記述式の解答です。たとえば、「落書きについてどう思うか、意見を書きなさい」というように、自由に考え記述する問題に、無解答で済ませてしまう人が多いのです。

これは非常にまずい事態だと思います。

書くことが全然ないということもないはずなのに、書く気力が湧かないというのは、現象を読み解く力が身についていないからです。

そこで、現象を読み解く力を身につけるために私がお勧めしているのが、物事を「図化しながら考える」ということです。私自身、いつも少し大きめの紙を手元に置いて、図を書きながら思考をまとめていくということをしています。

会議のときは、人の話やそれに対する自分の意見を図にしながらまとめていく。一人で自分の思考をまとめたいときも、考えを図に整理しながら考えていく。こうしたことをやっていくと、いままで見えていなかったものに気づいたり、捉えがたいものが捉えやすくなったりと、物事の見え方が変わっていきます。ぜひ皆さんも試してみてください。

月や花の何を見ているか

月を看《み》るは、清気《せいき》を観《み》るなり。円欠晴翳《えんけつせいえい》の間《あいだ》に在《あ》らず。**花を看るは、生意《せいい》を観るなり。**紅紫香臭《こうしこうしゅう》の外《ほか》に存《そん》す。（後・140）

月を見るのは、清らかな気を観賞するのであって、月の満ち欠けや、晴れたり、かげったりするのを見るのではない。花を見るのは、その生々とした花の心を観賞するのであって、紅や紫などの色とか、香りなどではない。

月を見るときには、丸くなったり欠けたり、晴れたり陰ったりするのを見るのではなく、月の清らかな気を観賞するのだ。

この言葉を聞いて私は、昔の人がなぜあれほど月を観賞したのかが理解できました。

昔の人たちは、月を観察するために見ていたのではなく、月を見ることで、月だけが持つ独特な清らかさに自分の心を同化させ、清めていたのです。

同様に、花を愛《め》でていたのは、花の持つ生き生きとした心を自分の心とするためだったのです。

このように考えると、いま私たちがペットをこよなく愛する理由がわかってきます。

私も犬を飼っていますが、ペットというのは家族なので、正直いって顔かたちは問題ではなくなります。では、なぜあれほどいとおしさを感じるのかというと、ペットの見ためだけではなく、そのペットが持つ生き生きとした生気や、あふれ出るかわいらしさが、自分の心を整えてくれているからなのです。

自然が身近なものでなくなってしまった現代人は、こうしてペットと触れあうことで心を整えてもらっているわけですが、昔の人は、月からは清らかな気を、花からは生気をというように、ごく自然なこととして気を享受《きょうじゅ》し、心を整えるのに役立てていたのです。

でも、いまでもその気になれば、気を享受する機会は意外とあるものです。

たとえば、ちょっといいレストランなどに行くと、その玄関には生花が飾ってあります。そこでふと足を止めて、ほんの五秒か十秒、「花の生きている気」を感じてみてください。

やってみると、きっと、そういうものに目を留《と》めないのはもったいないと思うようになることでしょう。

昔の人は、私たちよりもっと頻繁に、月や花といった自然物に感応し、気の交流を行なうことで自らの心を整えていました。私たちも日々の中で、もっと「感じとる」ということをしてみてもいいのではないでしょうか。

学ぶためには「発憤」が必要だ

憤《ふん》の一字は、是《こ》れ進学の機関なり。舜何人《しゅんなんぴと》ぞや、予《われ》何人ぞやとは、方《まさ》に是《こ》れ憤なり。（録・5）

発憤するの憤の一字は、学問に進むための（最も必要な）道具である。（孔子の弟子顔淵《がんえん》が「（中国の伝説の王である）舜も自分も同じ人間ではないか」といったことは、まさに憤ということである。

『論語』に、「憤《ふん》せずんば啓《けい》せず」という言葉があります。これは、学ぶ者が発憤していなければ教えることはできない、という意味ですが、佐藤一斎もまた、学ぶためには、憤の一字、つまり発憤していることが大切だと説いているのです。

いまは、ごく普通にやる気のある人はたくさんいるのですが、「発憤」となると、あまりいないのではないかと思います。発憤というのは、やる気よりももっと熱く、身がかき混ぜられるような、奮《ふる》い立つような感覚です。

学校の授業では、こうした発憤を見せる子どもは少なくなりました。でも、部活になるとかなりいます。

いまは発憤すること自体が減っているので、部活であっても発憤を経験しておくことはとても大切なことです。なぜなら発憤というのは一つの感覚なので、部活であっても何であっても、その感覚を経験しておくと、将来、仕事など、ここ一番頑張らなければならないというったときに、その感覚をよみがえらせ、自らを奮い立たせる力とすることができるからです。

企業が採用のとき、体育会系の学生を好む傾向があるのは、上下関係がわかっていて組織を重んじるとか、体が丈夫だということもあるのですが、実はこの「発憤感覚」を仕事の場に持ち込んでくれることを期待しているという一面もあるのです。

このように言うと、自分は体育会系でもないし、これまで発憤してきたこともないし、とガッカリされる方もいるかもしれませんが、そういう方は、まずは趣味とか、自分の好きな分野でワクワクできることをすることから始めてみてください。

佐藤一斎も、『言志四録』の別の場所で次のように述べています。

「学は立志《りっし》より要なるは莫《な》し。而して立志も亦之《またこ》れを強《し》うるに非《あ》らず。只《た》だ本心の好む所に従うのみ。（録・6）」

学問をするのに、志を立てることよりも重要なことはない。けれども、志を立てることを強要してはいけない。本心の好みに従うしかない。つまり、心を奮い立たせるためには、自分の好きなことをするしかない、ということです。

ですから、ジャンルは勉強でもスポーツでも趣味でも何でもかまいません。一時的なマイブームだったり、途中でやめてしまったりしてもかまいません。少しの間でも、その間にワクワクした感覚をしっかり味わうことが大切です。まずは自分が好きで発憤できるものは何か、自分の生活の中で探してみることです。

ワクワクできる時間が生活の中にできると、それがほかの時間にも影響を与えるようになるので、少しずつですが、「発憤感覚」が身についていきます。

実は私も一時期ハーモニカが好きになり、ハーモニカを買って、吹いていたことがあります。そのときは私ももう大人だったので、ハーモニカもちょっといいものが買えました。そして、ちょっといいものを買うと、それに触れるのがますます嬉しくて、かなり熱中して吹いていました。

そういう楽しい時間があると、そのときのワクワクした感じは、やはり新しいことを学ぼうという気持ちにつながっていくので、ハーモニカにはまっていたときは、仕事や勉強も、充実した記憶があります。

人間というのは自転車のようなものです。走っていると安定するのですが、走らないとすぐにぐらついて倒れてしまいます。そんな人間にとって、自転車で言う「走る」ということは、やはり「学ぶ」ということなのだと私は思うのです。

だからこそ、同じ学ぶのでも、ワクワクしたり、発憤したりしながら学んでいると、それが推進力になって、ぶれずに進んでいくことができます。

人は、いくつになってもワクワクすることを心がけることが大切なのです。

学問に不可欠なものを一字で表わすと

学を為《な》すの緊要《きんよう》は、**心《こころ》の一字**に在《あ》り。心を把《と》って以《もつ》て心を治《おさ》む。之《これ》を聖学《せいがく》と謂《い》う。政《まつりごと》を為すの著眼《ちゃくがん》は、**情《じょう》の一字**に在り。情に循《したが》って以《もつ》て情を治む。之《これ》を王道と謂《い》う。王道、聖学は二に非《あら》ず。（晩・1）

学問をするに当って、最も大切なことは、「心」という一字にある。自分の心をしっかり把握して、これを治める。これを聖人の学というのである。政事《まつりごと》をするに当って第一に眼を着《つ》けるところは、「情」という一字にある。人情の機微《きび》に従って、人々を治める。これを王者の道という。これら王者の道と聖人の学とは実は一つであって、二つではないのである。

「学を為すの緊要は、心の一字に在り」
「政を為すの著眼は、情の一字に在り」

佐藤一斎は、こうした言い方をたびたび用いていますが、このように物事の要諦《ようてい》を、あえて漢字一字とか二字で表現していくというのは、本質をつかまえるトレーニングとしては、とても優れた手法です。

たとえば、「経営とは何か」といったとき、あなたならどのような一字に集約するでしょうか。ある外国人の経営者は、「スピード」だと答えていました。漢字なら「速」でしょうか。スピードが速ければ、修正も早く利くからだというのです。その人は外国人だったので、一字ではなく一語でしたが、優れた人の多くは、このようにごく短い言葉に物事を集約するという練習を積んでいます。

日々の仕事においても、企画の狙いや、キーワードをふさわしい一言で言うことができることが重要です。単なるキャッチコピーではなく、自分自身が本当にその仕事のキモを理解しているということを相手に示すことができるからです。

日本では毎年年末に、その一年を象徴する一字が選ばれますが、毎年多くの人が注目するのは、それが本質を突いていると感じているからなのだと思います。

皆さんも「○○は□の一字にあり」シリーズをやって、仕事や学びの場で活用してみてはいかがでしょうか。

聡明さの横糸と縦糸

博聞強記《はくぶんきょうき》は聡明の横《おう》なり。**精義入神**《せいぎにゅうしん》は聡明の竪《じゅ》なり。（録・144）

何事でもひろく聞いて諸々の事情にくわしく、記憶の強いということは、賢明の横幅である。深く道理を探究して、神妙な奥義に入るというのは賢明の奥行きである。

人間の記憶力というのは、実はなかなか馬鹿にできないものです。

私はエジソンのファンなので、彼についての本をたくさん読んでいますが、エジソンというのはとても記憶力のよい人で、百科事典をまるごと暗記したと言われています。

それが役に立ったという実感があったのでしょう、彼は自分の娘にも毎日一〇ページずつ百科事典を覚えさせました。

百科事典を暗記するなんて、と驚くかもしれませんが、実はこれは、エジソンのオリジナルではないのです。

十九世紀最大の科学者とも言われるマイケル・ファラデーは、貧しい家庭に生まれたため、学校は小学校しか行けませんでした。そんな彼が知識を得るためにやったのが、百科事典の暗記でした。エジソンは、ファラデーの真似をしたのです。

そんなエジソンはものすごい読書家で、ジャンルを問わずさまざまな本を読んでいます。そのためエジソンの会社の入社試験では、いろいろな分野のことが聞かれました。でもエジソンが知識の量にこだわったのは、知識そのものを重視したからではなく、結果としての知識の量を生み出す「知識欲」と「記憶力」を重視したからでした。

彼は、記憶力がよいことが次の診断を確かなものにすると考えていたのです。

どういうことかというと、たとえば倉庫に行ってものを探すような作業でも、旺盛《おうせい》な知識欲で倉庫をすみずみまで熟知していれば、欲しい物をさっと探してこられるし、記憶力がよければ、その経験が次のときにさらに活かされる、ということです。

これこそが、佐藤一斎が言った「聡（賢）明の横幅」です。

でも記憶しているだけではやはり足りません。

そこからさらに深く入っていき、本質を摑むという作業が必要です。これが「聡（賢）明の奥行き」です。

両者の違いは、受験問題で考えるとよくわかります。

たとえば私立文系受験の世界史では、本当に驚くほど細かな語句を問う問題が出されます。これは、「横幅」、つまり知識を問う問題です。

でも、それをつなぎ合わせて、たとえば十二世紀のヨーロッパを語るということになると、知識から道理を導き出すというまったく別の能力が必要になります。これが「奥行き」です。

私は、横幅と奥行き、この両方を用いて語ることが、本当の歴史の力だと思っています。だからこそ『齋藤孝のざっくり！世界史』（小社刊）では、つながりのある大きな歴史観を展開することを目指したのです。

単なる暗記には、こうした思考を展開するときに感じる、本質にぐぐっと迫っていくような頭の働きがありません。丸暗記の歴史がおもしろくないのは、これがないからなのです。

ですから歴史に限らず、物事を覚えるという作業をするときには、知識を集めることに加え、何かもう一つ、縦にぐっと入り込んで本質を摑んでいくような感覚が得られることを同時にすると、頭の働きとしてはちょうどよい刺激になるのです。

心にスペースを持て

（前略）凡《およ》そ人の言《げん》を聴くには、宜《よろ》しく虚懐《きよかい》にして之《これ》を邀《むか》うべし。苟《いやし》くも狃《な》れ聞くに安んずる勿《な》くば可なり。（晩・55）

すべて人の言を聴く時には虚心坦懐、すなわち心をからっぽにして受け入れるべきである。かりにも耳なれた説ばかりをよしとして、これに安んじていなければ結構である。

「言を聴く時には虚心坦懐」とは、人の話は心を空っぽにして受け入れるべきである、ということです。心を空っぽにすることのよさは、当たり前のように思える言葉をきちんと受け入れられるようになることにあります。

私たちは、自分の考えや社会の常識といった先入観でもって、人の言葉を聞いてしまいがちです。

たとえば、この『言志四録』の言葉も、古くさいという先入観を持って読めば、一つも入ってこないでしょう。ところが心を空っぽにして読めば、心に響くものが何個かに一個くらいはあるかもしれません。だから何事も「先入観」を取り外して見ろというのが、ここでのメッセージだと言えます。

先入観が少ないのは、何と言っても子どもです。先入観が少ない分、子どもは何でもすぐに信じます。すぐに影響を受けやすいとも言えますが、それでも、そうした心でいられるほうが結局は強いのだと思います。

事実、坂本龍馬や本田宗一郎《そういちろう》などいわゆる「すごい人」の中には、心が少し子どもっぽい人が結構います。彼らは子どものように感応しやすいからこそ、普通の大人では入ってこないようなものまでが、すっと入っていったのでしょう。

では、なかなか子どものような心になれない私たちはどうすればいいのでしょうか。

それは、物事を受け入れるときにもっとも邪魔になるもの、つまり「プライド」を捨てることです。

プライドばかりが高い人は、どうしても受け取り方が歪《ゆが》んでしまいます。そして歪んだ受け取り方ばかりしていると、周囲の人は次第に何も言わなくなってしまいます。そうならないためにも、誇りは保ちつつもプライドを捨て、心にスペースをつくるのがいいのではないかと思います。

それともう一つは、学ぶ相手を自分勝手に限定してしまわないことです。自分より実力のない人であっても、年下であっても、その人が語ったちょっとした一言がヒントになるということはあるのです。チャンスを逃さないコツ、それは自らボーダーをつくらないことなのです。

疑うことは悟ること

余《よ》は年少の時、**学に於《おい》て多く疑《うたがい》有り**。中年に至るも亦然《またしか》り。一疑起《ぎおこ》る毎《ごと》に、見解少《けんかいすこ》しく変ず。即《すなわ》ち学の稍《やや》進むを覚えぬ。近年に至るに及びては、則《すなわ》ち絶えて疑念無《な》し。又学も亦《また》進まざるを覚えぬ。（後略）（晩・59）

自分は若年の時、学問上多くの疑問点があった。中年に至っても同じようであった。一つの疑問が起こるたびに物の見方が少し変化した。すなわち学問が少し進歩するのを自覚した。ところが、近年になると、少しも疑う心がなくなり、学問もまた進歩向上するのを自覚しなくなった。

物事を疑うことは、学問が進歩する機会であるというのですが、これは「我思う。ゆえに我あり」という言葉で、考える主体として自己を定義したデカルト的発想です。何でも、どのようなことに対しても疑問を持つことは、考えを深めることに役立ちます。常日頃から、なぜこのようになっているのか？　本当にこれでいいのか？　など自分で疑問を出して考える訓練をしてみるのです。

実際、疑いを持つポイントをどんどん書き連《つら》ねていくことで私たちの脳は活性化していきます。ごく簡単な方法として、たとえば、はてなマークを付けてメモをとるという癖をつけるのは、なかなかいい方法なのではないかと思います。

私は手帳に「……？」と疑問を書くようにしています。

私は文章を書く機会が多いのですが、この「はてな」さえできれば、あとはだいたい書けてしまいますし、企画書なども、「はてな」で出発しているものは、人の心に入りやすい傾向があります。

ですから、どんな問いを立てるのか、あるいは、どんなところに疑いを持つのか。これは「発問力」、あるいは「立問力」といってもいいと思いますが、いい問いを立てることが結局、どれだけ考えを深めることができるかを決めることになると言っても過言ではないのです。

アウトプットを考えながらインプットせよ

凡《およ》そ教《おしえ》は外よりして入《い》り、工夫は内《うち》よりして出《い》づ。内よりして出づるは、必ず**諸《こ》れを外に験《ため》し**、外よりして入るは、当《まさ》に**諸《こ》れを内に原《たず》ぬ**べし。（後・5）

すべて教は外より入って来るものであり、工夫は自分の内から考え出すものである。それで自分の内から考え出したものは、必ずこれを外で験《た》めして正しい事を実証すべきである。また、外からの知識は、自分でその正否を検討すべきものである。

これは、外から教えを受けたら必ず内側でチェックし、内側で工夫したことは、必ず外で実際に試してみなさい、という教えです。

簡単な教えですが、とても大切なことです。

いまはこれをインプット、アウトプットという言葉を使って表現することが多いのですが、この言葉はわかりやすいようでいて、私にはどうも深みに欠けているような気がして仕方がありません。

というのも、いつも不満に思うのですが、インプットとアウトプットと言うと、まずたくさんインプットし、後からそれをアウトプットするというように分けて考えられるのが一般的だからです。私にはどうもこれがしっくりこないのです。

なぜなら、アウトプットを前提としてインプットしたほうが、絶対に質の高いものになると思っているからです。

実際、インプットの上手な人というのは、最初から外に出すものは何かと考えながら情報を入れています。入れるときにすでに吟味がなされているからこそ、多くの情報の中で必要な情報を的確にピックアップすることができるのです。

そう考えると、この言葉も単に「外から聞いたことは内側でチェックし、内側で湧いてきた工夫は外で試しなさい」と、教えと工夫のチェックを単純に分けて捉えるのではなく、

「自分の頭の中で生まれてくる工夫を外でチェックしながら、教えを素直に聞いていき、それをまた自分の中でチェックし、工夫に反映させていく」というように、内と外の両方を、リアルタイムでうまく循環させていくことで情報や工夫の精度を高めていくという考え方で捉えたほうが、単純なインプット、アウトプットという言葉より実情に即しているのではないでしょうか。

また、インプットとアウトプットの順番ということでは、佐藤一斎は次のような言葉も残しています。

「学を為す。故に書を読む。（録・13）」

これは一言で言えば、読書は学問のための手段だということです。

インプットとアウトプットを分けて考える人は、読書にしても人の話を聞くにしても、インプットをするときはインプットが目的になってしまいがちです。でも、インプットはあくまで自らの学問を形成する手段なのだと考えれば、それがいかに目的を見失った行為かわかるでしょう。

インプットとアウトプットは、分けて考えるべきものではないのです。

自分の言葉を自分で聞け

講説《こうせつ》の時、只《た》だ我《わ》が口の言う所は我《わ》が耳に入り、**耳の聞く所は再び心に返り、**以《もっ》て自警と為さんことを要す、吾《わ》が講已《こうすで》に我《わ》れに益《えき》有らば、必ずしも聴く者の如何《いかん》を問わじ。（晩・42）

学生達に講義するとき、自分の口から出る言葉が、自分の耳に入り、耳に入ったことが、再び心に戻って来て、それを自分の警《いまし》めとすることが大事である。自分の講義が自分の修養上の利益になるならば、必ずしも、聴講者がどう感じるかなど、問題としない。

これは、自分の言った言葉を自分で聞きなさい、そうすれば、自分の語った言葉が、自分の利益になるということです。

私は、本を読んで忘れないコツは人に話すことだと思っているので、本を読むと、とにかくよく人に話します。人に話すことによって、より強く、自分の言葉が頭に入ってくるからです。

実はこれは講演や講義も同じで、受講した人よりも、講義をした本人が一番その内容を記憶するのです。だから多くを学びたいなら、できるだけ早く先生になってしまうのがいいのです。

先生にまでならなくても、自分が学びたいこと、自分が覚えたいことがあれば、それを人に教えれば上達はずっと早くなります。

コンピュータが得意な人というのは、どんどん詳しくなっていきます。もちろんそれは好きだからということもあるのですが、得意なので人にいろいろと聞かれ、教えているうちにうまくなっていくというのが、実はもっとも大きいのです。

実際、「教える」ということを学校の授業に取り入れて、成果を上げている先生もいます。その先生は、生徒たちにグループを作らせ、その中で一番できる生徒が他の生徒を教えるという方法を取っているのですが、これによって先生役の生徒がどんどん変わっていくと言います。

まず、教えている教科ができるようになるのはもちろん、やる気が出たり、自分から教える工夫を考えたり、物事に前向きに取り組むようになるのです。

メリットは教えるほうばかりではありません。教えられる側の生徒も、どこがわかりにくいのかということを気軽に言えるので、理解が深まり、やはり成績が上がるのです。

優れた言葉は心の鍼《はり》である

箴《しん》は鍼《しん》なり。心の鍼《はり》なり。非幾纔《ひきわずか》に動けば、即便《すなわ》ち之《これ》を箴《しん》すれば可《か》なり。増《ぞう》長《ちょう》するに至りては、則《すなわ》ち効を得《う》ること或は少し。余刺鍼《よししん》を好む。気体稍清快《ややせいかい》ならざるに値《あ》えば、輒《すなわ》ち早く心下《しんか》を刺すこと十数鍼《しん》なれば、則ち病《やまい》未《いま》だ成らずして潰《かい》す。因《よっ》て此《こ》の理を悟る。（後・91）

聖賢の箴言は心に刺し込む針のようなものである。心に悪念が少しでも動いた時には、ただちに聖賢の箴言を心に刺し込むがよい。時機を失して悪念が増長してからではその効能はあるいは少ないものである。自分は鍼療が好きで、気分の少しでも勝《すぐ》れない時があると、すぐ胸の下に十数本の鍼を刺す。すると、病が起こらないうちに治ってしまう。このような体験からして、さきの理を悟ったのである。

これがおもしろいのは、「箴は鍼《しん》なり」、つまり箴言は心の鍼《はり》だとしゃれのようなことを言っている点です。

でもこれは単なる言葉遊びではなく、確かに箴言といわれる優れた言葉は、心に鍼のように効くという感じがします。

佐藤一斎は、自分は鍼が好きで気分が優れないと、胸の下に十数本の鍼を刺すと言っていますが、実は私も月に一度、臍下丹田に鍼を三、四本立てて、それにモグサをつけて燃やしてもらうということをしています。このとき鍼から熱がじわっと伝わってくるのですが、これがまた何とも独特な感じですごくいいのです。

心のどこかでは、「本当にこんなことで効くのかなぁ」と思う心もあるのですが、もう一方では鍼を通じて伝わってくる熱さが、たった月一回でもかなりの感覚をもって身体に残ります。

鍼のおもしろさというのは、その深さやツボによって受ける感じが変わるところにあります。たった一本の鍼でも、効くときは全身に効くのです。

いい言葉というのも鍼と同じで、鋭く入ってきて、全部に効いていくという感じがします。しかもあとあとまでその効果の感覚が残るという点でも、鍼とよく似ているのです。そうした鍼を受けたときの身体感覚を、言葉の領域にすぐにつなげることができるというのは、やはり当時の人が身体感覚をすごく重視していたからではないでしょうか。

それに比べると、いまは身体感覚と心の問題が分離してしまっているような気がします。健康情報は山ほどあるけれど、表面的なもので、心や言葉の感覚とはまったくつながっていません。でもこの時代は、知識を超えたところでそれらがつながっています。だからこそ「心の鍼」といった言葉もリアルなものとして人々の心に響いたのだと思います。

言志四録には、このほかにも「書を読むには、宜《よろ》しく澄心端坐《ちょうしんたんざ》して寛《ゆる》く意思を著《つ》くべし。（後・135）」（書を読むには、よく心を澄ませ、正しくきちんと坐って、考えをゆったりと大きく持つがよい）というように、心と体と学問を一つのものとして捉えた言葉が多く登場します。

人間の心と体は、本来はこうして一つのものとして捉えるべきものなのではないでしょうか。

集中して本を読むには

吾《わ》れ読書静坐《せいざ》を把《と》って打《だ》して一片と做《な》さんと欲し、因《よっ》て自《みずか》ら之《これ》を試《こころ》みぬ。経を読む時は、寧静端坐《ねいせいたんざ》し、巻《かん》を披《ひら》きて目を渉《しょう》し、一事《じ》一理《り》、必ず之を心に求むるに、乃《すなわ》ち能《よ》く之《こ》れと黙契《もっけい》し、恍《こう》として自得する有り。(後略)(晩・74)

自分は読書と静坐を合わせて一ぺんにしようと試みてみた。経書を読む時は、安静に端坐して、書物を開いて目を通し、一つの事柄、一つの道理をよく心に深く考え求めると、無言のうちに自分の心と書物とが交わって、心によく解けて会得する所がある。

これは読書と静坐(すわって行なう瞑想)を一時に行なうことの効用を述べたものです。当時は禅宗の影響もあったのだと思いますが、座禅としての静坐と、読書をする際の静坐は、別のこととして行なわれていたようです。佐藤一斎がここで語っているのは、その二つの静坐を、一つのこととしてやってしまおうという合理性です。

　かつての日本人には、正座が日常の中で自然と身についていたのですが、現代人にとっては、正座は足もしびれるし、かなりキツイ体勢になってしまったというのが正直なところでしょう。

　でも、正座は無理でも、静かに座るという意味での「静坐」なら、さまざまな場所で生活の中に取り入れていけるのではないでしょうか。

　たとえば、お気に入りの喫茶店で一人静かに静坐するというのは、なかなかいい提案だと思います。

　喫茶店では、さすがに沈思黙考とはいかないかもしれませんが、それでも呼吸をゆるやかにしながら心を落ち着ける時間にしたり、好きな本を読む時間にしたり、自分の好きな時間を持つことはできます。

　喫茶店というのは、ざわざわとうるさいような印象があるかもしれませんが、まわりは知り合いではないので、意外とゆったりとした個の時間を持つことができる場所と言えます。

　私もよく喫茶店で仕事をすることがあります。

　お気に入りの文庫本を一、二冊持って、会社から帰宅するまでの間にワンクッション、お気に入りの喫茶店でゆったりした時間を過ごしてみてください。それはきっと、自分を取り戻す貴重な時間になるはずです。

人それぞれに適した方法で学ぶ

勧学《かんがく》の方《ほう》は一ならず、**各《おのおの》其《その》人に因《よ》りて之《これ》を施《ほどこ》す**。称《ほ》めて之《こ》れを勧《すす》むること有り。激《げき》して之《こ》れを勧むること有り。又称《ほ》めず激《げき》せずして、其《そ》の自《みずか》ら勧《すす》むを待つ者有り。（後略）（晩・167）

学問を勧める方法は一つに限ったことではない。相手の人によってこれを施さなければならない。すなわち、ほめて勧めることもあり、励ましてこれを勧めることもある。また、ほめも、励ましもせず、自分で気の付くのを待つこともある。

学問を勧める方法は、相手の性格によって適したやり方が違うのだから、違っていいのだ。人を励ますやり方も一つではない。褒《ほ》めてやるときもあれば、厳しくやったほうがいい場合もある。でも、その緩急や強弱は、人の性格によって違うのだから、まずはその見極《みきわ》めをしなければいけない、ということです。

ただ「勉強しろ」と言われただけでは、やる気も起きません。これは確かにその通りだと思うのですが、その見極めが難しいのが現実ではないでしょうか。

こうした人の見極めは、アドバイスをする際だけでなく、職場などでの人間関係においても重要なものです。現代では、これを間違えると、ひどい場合には、パワハラと言われたり、セクハラと言われたりしかねません。

でも、中にはそんなに気を使っているというふうでもないのに、実にさらりとそうした見極めができる人がいます。

私の知り合いにもそういう人がいて、彼は、女性に対しても、結構セクハラに近いようなことをバンバン言っているのですが、まったく問題になったことがないのです。

あまりにも見事なので、私が「すごいですね」と言うと、彼は笑って秘訣を教えてくれました。

「いやね齋藤先生、言葉を選ぶのではなくて、言う相手を選ぶんですよ」

それを聞いて私は「なるほど」と感心してしまいました。

やっぱりうまい人は、何気なくやっているようでいて、しっかりと人を見極めています。ほとんどの人は「何を言うか」ばかりに気を取られていて、「誰にどう言うか」ということに頭が回っていないのです。

人をやる気にさせるのも同じことで、まずは、誰をやる気にさせたいのかから考えてみることが重要です。人間関係でトラブらないために大切なのは、言葉選びではなく、まずは人の見極めだということです。

他人からではなく、天から評価される人になれ

凡《およ》そ事を作《な》すには、須《すべか》らく天に事《つか》うるの心《こころ》有るを要すべし。人に示すの念《ねん》有るを要せず。(録・3)

すべて事業をするには、天(神または仏)に仕える心をもつことが必要である。人に示す気持があってはいけない。

これは西郷隆盛が好んだ言葉として有名なものの一つですが、要するに、自分の生き方を見せるべき相手として、何を想定するのかといったときに、人に自分を示すのではなく、天を相手にせよ、ということです。天を相手にするとはどういうことかというと、「自ら欺《あざむ》かず。（耋・106）」であると言っています。

西郷さんも含め、維新の志士たちの中には、自分が行動するにあたって、誰もわかってくれなくても、天がわかってくれればそれでいいという気持ちで行動していた人が少なくありませんでした。

彼らは人に認められたくて行動したのではありません。誰もわかってくれないかもしれないけれど、天はわかってくれるだろうと思うことで、自分のモチベーションを掻き立てることができたのです。

もちろん、彼らがそういう気持ちになれたのは、儒学にもともと「天」の思想があり、それが一般の人々にも深く浸透していたからでした。

ですから夏目漱石《そうせき》が「則天去私《そくてんきょし》（天に則《のっと》り、私を去る）」と言っても、当時は何となくみんなその気持ちが理解できたのですが、いまは天の感覚というものが失われてしまっているので、頭では理解できても、感情でそれを受け止めることができないかもしれません。

もちろん、いまの人たちも、概念としての「天」はわかっていると思います。でも、それは、昔のように天を感覚として持っているということとは異なります。

私は仕事柄、若い人と日々つきあっているのでわかるのですが、いまの若者たちは、自尊感情というものが思ったよりも低く、自分の実力はそれほどたいしたことはないのではないかという不安感を強く持っています。でもその一方で、人から高く評価されたい、自分を認めてほしいという思いは強いのです。

少し前までは、友達とのつきあいが濃く、自分自身にもある程度自信があって、人に何と思われようがかまわない、というタイプの人が多かったのですが、いまは、まわりの評価によって自分の心の状態が刻々と変化してしまう、ある意味、場の空気を感じすぎるような繊細さと真面目さを持った若者が増えています。

でもそのような時代だからこそ、自分の心にもう一度「天の感覚」を持って、人ではなく天を相手に生きるという道を目指すことが必要なのではないかと思います。

人生を二つに分けて考える

性分《しようぶん》の本然《ほんぜん》を尽《つ》くし、**職分**《しよくぶん》の当然《とうぜん》を務《つと》む。此《か》くの如《ごと》きのみ。（録・8）

人は生まれつき仁義礼智信《じんぎれいちしん》という性分をもっているのであって、このような性分のもとよりしかるべき道を尽くすべきものである。また孝悌忠信《こうていちゆうしん》という職分をもっていて、それらの当然の務めも果たすべきである。人間はただこうすればよいのだ。

「性分」とは、それぞれの人が本質的に持っている気質のようなもので、「職分」とは仕事など社会の中での役割で、当然やるべきことです。

人の生き方を考えるにあたっては、まず自分自身が本質的に持っている生命力「性分」を充分に発揮させるという意味での「生きる」ということがあり、次に、その中に社会の中で果たすべき義務や役割といった「職分」の当然を務むという「二本立て」で考えると、そんなに大きくぶれないのではないか、ということです。

私たちは生きていくうえで、仕事をしてお金を稼《かせ》がなくてはならない。本来ならば、自分のやりたいことをして生きていきたいけれども、必ずしもそうできるとは限らない。ほとんどの人はその間《はざま》で、日々悩みながらやっているでしょう。

このように「性分」と「職分」は、当然、密接に絡《から》み合ったものではあるのですが、一度に両方を考えようとすると、とても生きにくくなってしまいます。生きるということを考えるうえでは、いったんこの二つを分けて考えたほうが、それぞれが明確になり、混乱しないだろうということで、佐藤一斎は区別して説いています。

このように分けることで、何が人の本性であり、何が人の社会性なのかが明確になるので、それぞれを知ったうえで、人間の本性的な部分と、社会性の部分の両方をうまくコントロールしていけば、生きやすくなると考えたのです。

「性」と「職」をとりあえず対比して、分けて考えてみる。こうしたシンプルな概念化に、漢字は非常に適しています。このような漢文的思考をかつての日本人の多くは持っていましたが、現代では失われてしまいました。漢文の素養などというと難しいようですが、こうした漢字によるイメージ力を取り戻すことは、現代でも可能ではないかと思います。

第四章　「やむを得ざる」の生き方

人生論

「やむを得ない」のが本物だ

已《や》むを得《え》ざるに薄《せま》りて、而《しか》る後《のち》に諸《これ》を外《そと》に発《はっ》する者は花なり。（録・92）

準備万端ととのって、やむにやまれなくなって、蕾《つぼみ》を破って外に咲き出すのが花である。

能を大成した世阿弥の言葉に「秘すれば花なり、秘せずば花なるべからず」というものがありますが、そこでいう「花」とは、その人が持っているよいもののことです。

佐藤一斎のいう「花」も意味しているものは同じです。

それも、やむを得なくなって外に発したものこそがその「花」だと言うのですから、「見て見て」とこれみよがしに見せるのは「花」ではないということになります。

日本人は花が好きで、よいものの比喩によく花を用いますが、実際の花も誰かに褒められたくて咲いているわけではありません。時期がきたときに自然と咲くのです。

そんな花と同じように、人も無理に自分のよい部分を見せようとするのではなく、やむを得なくなったときに、つまり自然の時期がきたときに、内側から満ちるようにして外に溢れ出るのが、その人の持つ本当の美しさであるということです。

無理に自分の実力を人に見せつけようとすると、どうしてもわざとらしくなります。人に見せようとするのは、人の評価を気にしているからです。ですから、野の花のように、人の評価を気にせず、もっと自分の中から満ち溢れてくるものを大切にしたほうがいい。

この時代の人は、自然のものと自分の心を重ね合わせて表現するということをよくします。

それはやはり、当時の人の根本に自然原理を尊重する気持ちがあったからだと思います。自然というのは、長い時間をかけて整えてきたバランスの世界です。ですから、そうした自然のバランスを人間界に応用すれば、人間も自《おの》ずとうまくいくはずだと考えたのでしょう。

いまの若い人は、すぐに評価をしてほしがる傾向があります。四月に入社したらすぐにでも褒められたい。でもそれはいくら何でも焦りすぎです。

まだ種か双葉のうちに咲こうとしても、きれいな花を咲かせられるはずがありません。ですから、「評価してほしい」という焦りの気持ちがある人は、自分が本当にやむを得ない時期にきているのか、それまでにちゃんと土の中で自分を育《はぐく》んできたのか、この言葉を口にすることで自分に問いかけてみてください。

　こうした「やむを得ない」ものを追っていると、それは自然と正しいものになります。一斎はこうも言っています。

「雲烟《うんえん》は已《や》むを得《え》ざるに聚《あつま》り、風雨は已むを得ざるに洩《も》れ、雷霆《らいてい》は已むを得ざるに震《ふる》う。斯《ここ》に以《もっ》て至誠《しせい》の作用を観《み》る可《べ》し。（録・124）」（雲は自然の成り行きでやむを得ずして集まり生じ、風や雨も同様に、やむを得ずに天上からもれて来るし、雷も同様にやむを得ずに轟きわたる。これらを見て、至誠の作用を考えるがよい）

　私は、やむを得ないというと思い出す話があります。

　それは、宮沢賢治の『学者アラムハラドの見た着物』という短編です。

　アラムハラドは学者で、一一人の子どもたちを教えていました。

　彼は火や水、小鳥など自然のものの性質を説明したうえで、子どもたちに問いかけます。

「人が何としてもさうしないでゐられないことは一体どういふ事だらう。」

　するとある生徒が、「いいこと」をすることだと思いますと答えます。

　アラムハラドは自分が期待していた答えが出て満足します。でも、ふと見ると、セララバアドという子が何か言いたそうにしていることに気づきます。セララバアドは言います。

「人はほんたうのいゝことが何だかを考へないでゐられないと思ひます。」

この答えはアラムハラドの予想を超えるもので、彼は軽いめまいすら感じたのでした。

このように「やむを得ないもの」という観点があると、自分の行動の基準が見えてきます。なぜなら、自分にとっての「やむを得ないもの」を知ることは、自分の無意識を知ることでもあるからです。

自分の無意識を知り、無意識と仲良くなるのはとても大事なことです。

自分の無意識に気づかないまま欲求に蓋《ふた》をしてしまうと、中で混乱が起き自分でも訳《わけ》がわからないまま苦しむことになってしまうからです。

無意識とうまくつきあうためには、きちんと無意識と対話することが必要です。そして、そのためには、自分はどんな思いに突き動かされているのか、無意識から生じる「やむを得ないもの」に意識を向けることが必要なのです。

実は私にも、最近、無意識と対話したことで初めて知った衝撃の事実がありました。

それは、「自分は酒がそんなに好きじゃない」ということです。

二〇歳から飲みはじめて二五年間、私はずっと自分は酒が好きだと思って飲んでいました。

ところが最近、自分は飲まなくてもまったく平気だということがわかったのです。飲まなくても、テンションは高いし、充分ご機嫌でいられる。酔っていないから、余計なことを言ってしまうような失敗もしなくて済みます。

つまり私は、やむを得ないから、飲まずにいられないから飲んでいたわけではなかったのです。単なる習慣で、あるいはその場の勢いで飲んでいただけだったのです。

では、私がやむを得ずにやってしまっていることはなんだったのか。

結論から言えば、それは本を書くことと授業をすることでした。

本を出すのは大変です。辛いと思うときもたくさんあります。これをやめれば楽になると思うこともあります。でも、何かの拍子で一カ月くらい本を出さなかったことがあるのですが、そうすると何かむずむずしてきてどうも落ち着かない。何か物足りないというか、不完全燃焼感というか、イライラして本を出したくなるのです。

授業も同じです。大変な部分はあるのですが、やはりやらないとイライラして体調まで悪くなってしまいます。

私の場合、本を出すのも授業をするのも仕事です。

自分は仕事をやむを得ざる勢いに突き動かされてやっている。雲がわき上がるように、やりたくてやっているんだと気づいたとき、私はなんて幸せな人生を生きているのだろうと感じました。

このように、自分にとってやむを得ないものは何かということを見ていくと、自分の行動の中の無駄なものがそぎ落とされていきます。そして、本当にやりたいことだけが残るので、生活がシンプルになるだけでなくストレスまでも軽減されるのです。

夢を見るのではなく、夢に見ろ

意《こころ》の誠否《せいひ》は、須《すべか》らく夢寐中《むびちゅう》の事《こと》に於《おい》て之《これ》を験《けん》すべし。（録・153）

自分の心が誠であるかどうかは、寝ている夢の中で試みるがよい。

これは、「夢に見るぐらいでなければ本気ではない」ということです。

当時の人たちは、もちろんまだフロイトなど知るはずもないのですが、無意識の欲求や願望が夢に出るということをすでに知っていたのです。

だから、「夢にまで見たか、お前」と聞いて、「見ていません」と言うと、「まだまだだな」というようにチェックができるというわけです。

夢にまで見るということは、それだけそのことについて強く思っているということです。物事は思いが強いほど実現性も高くなります。ですから世の中では、実力が同じぐらいなら、少しでもやる気のある人に任せるものです。

問題は自分にやる気があることを、相手にどうアピールするかです。

逆説的ですが、それには本当に夢に見てしまうことです。

夢にまで見ている人は、夢に見ているうちに自分でもその気になっていくので、その物事に対しての熱意が生まれます。極端なことを言えば「タダでもいいからやらせてください」的な勢いが生じるのです。実際に「タダでもいいから」というわけではなくても、「ぜひ私にやらせてください」というやる気が相手に伝わると「だったら任せてみようか」ということになっていきます。

では、どうすれば夢に見ることができるのでしょう。

夢に見るためのコツとしては、寝る前にそのことについて考えることです。

でも、他に心配事などがあると、そちらが夢に出てしまうので、見たいことをうまく夢に見るためには、心をフラットな状態にしておくことが大切です。

私の場合は、そのために本を読んだり音楽を聴いたりしています。

私には読むとすごく落ち着いてくる本が何冊かあるのですが、常にそうした本が枕元に並んでいます。これは、自分が落ち着けるものであれば普通の書籍でもマンガでも何でもかまいません。寝る前にそれを見て心をフラットにするのですが、そのときに、やはり心の落ち着く音楽をかけると、効果はさらに増します。

他にも、落語のＣＤを聴きながら寝るというのも、私にとっては効果の高い方法でした。特に古典落語は、いまのごちゃごちゃしている生活と全然違う世界の話なので、気持ちが安らかになって穏やかな眠りにつくことができるのです。

こうして心をフラットな状態にしたうえで、前向きな気持ちで「夢に見たいこと」を考えると、染みこみ方が違います。

以前、ヘアートリートメントのＣＭに「染みこむ、染みこむ」というのがありましたが、まさに一晩かけて、寝る前に見たものが潜在意識の中まで染みこんでいくのです。

私は受験をしていたときに、この方法で英語の勉強をしたことがありますが、効果は絶大でした。まず寝る前に心を落ち着け、それから憶えたい英単語をひとしきりぼーっと音読してから寝る。そうすると、見事に夢の中でその単語を反芻《はんすう》するのです。

私の場合、これがうまくいきすぎて、夢の中で英語をしゃべろうとするので、そのたどたどしさに嫌になってしまったこともありましたが、それぐらい効果はありました。

留学を控え、英語の勉強に苦労していた友達にこの方法を教えたところ、彼はあまりに寝る前に英語をやりすぎて、合宿の際に、寝言を英語で言って周りの人に驚かれたほどでした。

いまは一つのことに夢中になったり、強いやる気を見せる人が減っています。そういう人は、夢を上手に見ることで、自分の中のやる気を掻き立ててみてください。

自分だけの「提灯《ちょうちん》」を見つけろ

一燈《とう》を提《さ》げて暗夜《あんや》を行《ゆ》く。暗夜を憂《うれ》うること勿《なか》れ。**只《た》だ一燈を頼《たの》め。**（晩・13）

暗い夜路を行く場合、一張の提灯をさげて行くならば、いかに暗くとも心配するな。

ただその一つの提灯を頼んで行けばよいのだ。

向上心というのは、一つの提灯みたいなものです。

昔は、夜というのは本当に真っ暗でした。そのため、たった一つの灯《あか》りがあるかないかというのは非常に大事なことでした。それがないとまったくの漆黒《しっこく》で右も左もわからないが、その灯りがあれば歩いていくことができる。それが「一燈」です。

でもこの一文が格好いいのは、いくつもの提灯を持って明るくして不安を減らしてしまおうとするのではなく、「只だ一燈を頼め」、つまり提灯は一個あれば充分だと言い切っているところです。

人はたった一つと限定されると、自分にとっての一燈とは何かということを真剣に考えます。そして、自分はこれを一燈とすると決めると、大切なその灯りをより明るいものにするために努力をするようになります。

明治から大正にかけて、日本の資本主義を牽引《けんいん》した実業家・渋沢栄一《しぶさわえいいち》は、あらゆる物事を論語にもとづいて判断したと言われていますが、それは渋沢栄一にとって論語が一燈だったということです。経済的な判断、事業の判断、迷ったときに彼は、常に論語を一燈として頼んで判断しました。

この一燈は、人によって異なります。

渋沢栄一にとっては論語でしたが、西郷隆盛にとっては、この『言志四録』が一燈でした。また、精神的な部分で向上心を自らの一燈としている人もいますが、身につけた技術を自分の一燈として生きている人もいます。

私も一時期、ある技術を一燈としていたことがあります。

それはとても簡単なもので、「ワープロの早打ち」です。

就職が決まったとき、ワープロで異常なほど大量の文章を打つことができれば、それが身の助けになるかもしれないと思って、ブラインドタッチを必死で習得し、磨きをかけたのです。そのために膨大な量を打ちまくりました。

私がワープロ技術に灯りを見出したのには理由がありました。実は私、ひどい悪筆なのです。普通は悪筆といっても自分の書いたものは自分で読めるものですが、私の場合は、急いで書いたものは、残念なことに自分でも読めないほどです。

私の場合、論文も書かなければならないのですが、文字が汚いので、書いていて嫌になってくる。しかも手よりも頭の中で文章を紡《つむ》ぎだすスピードのほうが速いので、書いているうちにイライラしてきてしまうのです。

ですから、ワープロの早打ちには、きれいに速く、ストレスなく自分の考えを文書にできるというメリットがあったのです。

実際これは大正解で、私はこのワープロ技術のおかげで論文を書くことができるようになったのです。

ワープロが出たのが、私がちょうど大学院生のときだったので、ブラインドタッチのような技術を習得する波ともうまく合致したこともあり、私は就職してからの十数年間、ひたすらワープロの早打ちを自分の一燈として歩んできました。

いまの自分に足りないもの、いまの自分に必要なものは何かと考えると、何を一燈にすればいいのかが見えてきます。

一燈は精神的支柱でも、技術でも、やる気でも何でもかまいません。また、時期によって提灯から懐中電灯へというように、必要に応じて持ち替えてもかまいません。

でも、いくつも同時に持ってしまうと、明るくなりすぎてかえってどちらへ進んでいいのかわからなくなるような気がします。特に現在のような情報化社会では、迷わないという意味で、燈を一つに絞るということが大きな意味を持つのではないかと思います。

いまの自分の一燈は何か、それがわかると、「只だ一燈を頼め」というこの一文が胸に迫ってくることでしょう。

欲も野心も使い方次第

凡《およ》そ生物は欲《よく》無き能《あた》わず。唯《た》だ聖人は其《そ》の欲を善処《ぜんしょ》に用《もち》うるのみ。（録・110一部）

およそ生物は欲がないわけにはいかない。ただ、聖人はその欲を善いところに用いるばかりである。

これは先ほどの欲の話にも通じるものですが、欲は上手に使うことが大切だということです。

たとえば子どもは、将来何になりたいかと聞かれると、総理大臣になりたいとか、芸能人になりたいとか、一言で言えば有名人になりたいということをよく言います。注目されたいという思いや、お金持ちになりたいというのは「欲」ですが、これらは人が持つ自然な性質であることがわかります。

欲というと悪いことのように思われがちですが、欲をすべて排除してしまうと、何もしたくなくなってしまうのもまた事実なのです。もし人が本当に無欲だったら、向上心もなくなってしまうでしょう。

昔、アリスの谷村新司《たにむらしんじ》さんが、インタビュー番組で、なぜ音楽を始めたのですかと聞かれて、「もてたいからに決まっているじゃないですか」と語っていましたが、最初の原動力というのは、正直そういうものだと思います。

もちろん、音楽が好きで、才能もあるからやっているのだし、人を喜ばすためにやっているということもあると思います。でも、もともとの気持ち、最初の一歩は「もてたい」というものだったということです。

そういう思いからスタートしたものでも、「昴《すばる》」のような名曲をつくり、それが世界中で歌われるようになったいまは、もうもてるとか、もてないの域ではなく、一流の音楽家として活動をされています。

このように、たとえ出発点がもてたいとか、儲けたいという「欲」であったとしても、事が進んでいくと、いいほうにそれが活用されて、本質的なところへ近づいていくことがあるのだと思います。もちろん、お金儲けだけを考えてしまうのはお勧めできませんが、きっかけとして活用するのであれば、「欲」も立派な動機の一つです。

栄養バランスと同じで、お金も名誉欲もバランスの範囲内で収めておくことが大切です。

ですから、問題は、自分の中の「欲」をどう使うかということなのです。

自分は有名になりたいのか、金持ちになりたいのか、力を持ちたいのか、異性にもてたいのか。自分の中にある欲を否定するのではなく、上手に活用して、活用した後は上手に落としていくのがいいでしょう。

仏教では「欲」を執着として説きますが、まさにその通りです。

大切なのは、最初のテンションのまま欲に執着せず、だんだんと手放していくということです。

この年になって思うのですが、あまりきれい事を言うより、自分の欲を素直に認め、成功したい、もてたい、お金持ちになりたい、と欲を上手に使っていった人のほうが、欲を手放すのもうまいような気がします。

成功したいと思っていない投げやりな人や、本当は成功したいくせに自分の欲を認めようとしない人は、かえってうまくスタートを切ることができないのではないでしょうか。

名誉は必ずしも捨てなくていい

名《な》は求《もと》む可《べ》からずと雖《いえど》も、亦《また》棄《す》つ可《べ》からず。名を棄《す》つれば斯《ここ》に実《じつ》を棄《す》つるなり。（後略）（後・220）

名誉は無理に求めるべきものではないが、さりとて現在もっている名誉をわざわざ棄《す》てるべきものでもない。

これは前の「欲」と似ていますが、名誉をあまり無視すると、実も捨ててしまうことになるという教えです。

たとえば金銭欲。金銭欲は自由経済社会で生きていかなければならない以上、絶対に必要なものです。ですからまずこの欲は必要ですが、これだけでは人生を充実させるには、少し物足りない感じがします。

そこに「名誉欲」を加えると、これが不思議な力を発揮することがあるのです。

名誉はそれ自体が実体的な価値ではないので、金銭欲のように必要不可欠なものではないのですが、これを求めることによって、人としての「実」が身についてくるという効果が望めるのです。

たとえば、早稲田大学や慶應大学に合格したというと、周囲の人から「すごいね」と言われます。その時点ではまだ入学前なので、その大学が自分にとって本当にいいのかどうかわからないのですが、早稲田、慶應というビッグな名前にはやはり力があり、合格したものに誇りを感じさせているのです。

この「早稲田」「慶應」という、長い年月が培《つちか》ってきたネームバリューが生み出す名誉を得るために、受験生は、入りたい、そのためにはもっと勉強しようと思うようになるので、行動が生まれ、実が伴ってくるのです。

ですから、最初の名誉欲がそれほど奥深いものでなくても、そこにきちんとした実がついてくるのであればいいではないか、というのがこの一文なのです。

最初はどうあれ、実がついてくれば、名誉欲のほうもステップアップして、よりレベルの高い名誉欲が生まれ、それがまた大きな実を養うことにつながっていきます。

誰しも人は、人から認められ、褒められたいと思うものです。

それがきっかけになって実を求めることになるのであれば、むしろそのための欲は捨ててはいけない。

名誉欲とかいろいろな欲を捨てろというのが、一般的にはよく出てくるのですが、ここは「亦棄つ可からず」と言っているところが実用的だと思います。

心の特別な働きとは

権《けん》は能《よ》く物を軽重《けいちょう》すれども、而《しか》も自《みずか》ら其《そ》の軽重を定《さだ》むること能《あた》わず。度《ど》は能《よ》く物を長短《ちょうたん》すれども、而《しか》も自《みずか》ら其《そ》の長短を度《はか》ること能《あた》わず。**心は則《すなわ》ち能《よ》く物を是《ぜ》非《ひ》して、而《しか》も、又自《みずか》ら其《そ》の是《ぜ》非《ひ》を知る。**是《こ》れ至霊《しれい》たる所以《ゆえん》なる歟《か》。（録・11）

ハカリは品物の重さをはかることができるが、自分の重さをはかることはできない。物指しは品物の長さをはかることができるが、自分の長さをはかることができない。しかるに、人の心は外の物の是非善悪を定めることができ、しかも自分の心の善悪を知ることができる。これが人の心がこの上なく霊妙である所以《ゆえん》であろうよ。

心というのは、自分自身が物事を判断するところでもあるのだけれど、その自分自身の心というものの是非も心は知ることができる。心には、ほかのものにはないそうした特別な働きがある、ということを言っています。

デカルトは、いろいろなものを疑ってみたけれど、結局、疑っている自分というものだけは確かなものである、というところに行き着きます。それが、彼の有名な言葉、「我思う。ゆえに我あり」の意味です。

「人間は考える葦《あし》である」と言ったパスカルも、宇宙のことを考えることができるのは人の心だけだということに気づいたひとりです。

宇宙が果てしなく広いのは確かだけれど、その宇宙について考えることができるのは心なのだから、心はある意味、宇宙をも包み込んでいるとも言える。

もちろん物質的に包み込んでいるわけではないのですが、「思考できる」というところが、ほかにはないことだということです。

そういう人の心のこのうえない霊妙さを知り得たということでは、デカルトもパスカルも佐藤一斎も、時代も場所も違いますが、それぞれ似たところがあると言えます。

ですから逆に言うと、人というのは、自分の心の働きの精妙さに、自分自身が「この宇宙の中で、このような心を持つことができたのはすごいことだ」と思えるかどうかで、物事の見方が変わっていくのです。

自分で自分の心を苛《さいな》んでしまって、悪い方向に向かってしまうのは、やはり心というものの精妙さに対する感激が足りないからです。感激が足りないから、心の機能があることを当たり前だと思ってしまうのです。

心はすごく精妙な難しい働きを持っている。なぜそんなことを私たちの心はすることができるのか。自分の心が、それができているということだけで、自分という存在は充分すごいではないか。そうした感激を持って、自らの心を見ることができれば、自分を粗末にすることはなくなります。

そして同時に、いまの自分は気分がいいのか悪いのか、あるいは怒りに飲み込まれてしまっているかどうかなど、自分の心を外側から客観視できるようになるのです。

なぜなら、そうして自分の心を引き離して見ることができることこそ、心の精妙さだからです。

心がふさいだときは間違えやすい

心下痞塞《しんかひそく》すれば、百慮皆錯《ひゃくりよみなあやま》る。(録・21)

心の奥底がふさがっていると(何も善い考えがでて来なくて)、すべての考えも計画も皆誤ったものになってしまう。

物事を判断する思考力と、心がふさがっているか開いているか、すなわち気分とは、本来的には別のものであるはずですが、通常多くの人にとって、この二つはつながってしまっているものです。

たとえば、今日は気分がふさいでいるというときに下す判断は、間違うことが多いものです。でも逆に、すごく調子にのっていて、浮ついた気分のときも、余計なことを言ったり判断を間違ったりします。ですから、判断というのは、どんなときでも状況を見極めてやることにおいてはそんなに差はないはずなのに、実際には気分次第でそれを間違えてしまうということです。

心がふさがってしまったり、気分的にふさいでいるというのは、頭が固くなって、何も新しいアイデアが出てこないような、うつうつとした状態です。よくあることですが、そこから自力で脱するのは簡単ではありません。

一番いいのは、心が浮き沈みしないように、できるだけ上機嫌な状態を保つことですが、それもまた難しいのが現実です。

では、どうすればいいのでしょう。

お勧めしているのは、そういう心のふさがりを取ってくれるパートナーを持つことです。

人は、自分一人ではなかなか気分を変えることができませんが、誰かと話しているうちに、いつのまにか心のこわばりが取れ、気分が良くなったり、悩んでいたことの答えが見つかることがよくあります。

ですから、家族でも友人でも、仕事仲間でも誰でもいいので、人生のそれぞれの時期にそうした気分を上向きに変えてくれるパートナーを持つということは、とても大きな課題の一つだと思います。

人ではなかなか見つからないという人は、次善策としてペットを飼うのもいいでしょう。

ペットがいいのは、それが自分とは違う時間性を生きているからです。彼らは生き物としての本能に従ってゆったり生きています。そういうものに触れることで、私たちは心のこわばりから解き放たれることができるのです。

熱帯魚の泳ぐ姿を眺めていると心が安らぐという人がいますが、あれも自分とは異質な時間に触れることで心のふさがりを取っているのだと思います。

もっとも望ましいのは、やはり対話のできる相手と触れあうことですが、老年期に入って、うまくパートナーが見つからない人や、若さゆえ、うまく人間関係を築けないという人は、ぜひ試してみてください。

人間性をクリアに分析してみる

志気《しき》は鋭《するど》からんことを欲《ほっ》し、**操履**《そうり》は端《ただ》しからんことを欲し、**品望**《ひんぼう》は高からんことを欲し、**識量**《しきりょう》は豁《ひろ》からんことを欲し、**造詣**《ぞうけい》は深からんことを欲し、**見解**《けんかい》は実《じつ》ならんことを欲す。（後・55）

心の勢は鋭くありたく、行いは端正でありたく、品位や人望は高くありたく、見識や度量は広くありたく、学問・技芸のきわめ方は深くありたく、ものの見方や解釈は真実でありたい。

スポーツの世界も最近は科学的になってきていて、チームの戦力分析などがよく行なわれます。たとえば、技術力、監督力など、六個ぐらいの項目からなるダイヤグラムなどを作って、バランスや総合力を分析するのですが、この一文もそれに似ています。

心の勢い、行ない、品位、人望、見識、度量、学問、技芸と、人の資質を分けて考えることで、「人間性」という漠然としたものをクリアにするというものです。

しかし、そういったものを測るに当たって、すべて形容詞を「よい・悪い」にしてしまうと、大雑把になってしまいます。そこで、形容詞を、鋭い、正しい、高い、広い、深いというように、それぞれの特性に合わせて変えているというのが、この文の工夫であり、優れているところだと思います。

人間性とか心という捉えがたいものをこのように分けて、しかもその成長とかレベル差をきちんと形容詞で示す。このへんに佐藤一斎の優れた合理性を感じます。

人の人間性を見るとき、上の人にこのような分析基準があると、「君はね、やる気はあるんだけど、相手に対する理解が浅いね」というような、具体的な指摘がしてもらえるので、どこが自分には足りないのか、的確に把握して対処することができるようになります。

私は、学生たちには「君たちは性格も人間性もいいし、コミュニケーション能力もあって、子どもたちにも優しいね。完璧だ。だけどもうちょっと学力を上げてくれ。頼むから」みたいに言っています。

また、こうした見方ができると、勉強ができることだけが必ずしも人間性がいいことにはならないということが、具体的なものとして把握できるようになります。

ペーパーテストがすごくできる人のなかにも、志が低い人はいます。

たとえば、東大の理Ⅲというのは、医学部なのですが、そこを卒業したあと外資系の金融機関に行く人が何人もいます。もちろんどこに就職するかは自由ですが、東大は国立大学です。その国立大学が、国民の税金を使って、医師を育成するのが東大理Ⅲの本来の目的です。

しかも、東大の理Ⅲは年に一〇〇人弱しかとりません。その限られた数の超秀才に六年間も税金を費やして特別な訓練を行なうのです。それが外資系の金融機関に行ってしまうのですから、何がもったいないって、とにかく税金がもったいない。これはもう国家の損失と捉えるべき問題です。

そんなことがなぜ起きてしまうのかというと、最初の志が間違っているからなのです。「医者になる」という、いわば最初の目的と、そこに入る秀才たちの志が、共有されていないのです。

彼ら秀才たちは、勉強ができすぎるという理由だけで理Ⅲを受けてしまうのです。私は仕事柄、予備校や塾の経営者と話をする機会が結構あるのですが、数学がめちゃめちゃできる子は、将来の志望に関係なく、とりあえず医学部を受験するのだそうです。

それは根本的に間違っているのですが、それがいまの現実です。

でも、医学部の教授に「医学部で数学は使いますか」と聞くと、「ほとんど使いません」と言います。もちろん数学ができるに越したことはないでしょうが、それが医者としての能力には直接結びつかない。知識と技術のほうが重要だそうです。

ここに大きな矛盾があるのですが、数学ができる人が医者に向いているわけではないのです。ただ、医学部は志望者が多く、ある程度合格ラインを高く設定しなければならないので、数学でハードルを上げているのです。

数学が得意だというメンタリティと、医学部に求められている能力はあまり関係がない。そういうところですでに矛盾があるわけです。

これからは、たとえば、この戦力分析で言うと、医学部では志がない人はとらないなど、その学問に求められるメンタリティを考え合わせた新たなハードルの設定が受験に求められるべきではないでしょうか。

体から心をコントロールする

面《おもて》は冷《れい》ならんことを欲し、背《せ》は煖《だん》ならんことを欲し、胸《むね》は虚《きよ》ならんことを欲し、腹《はら》は実ならんことを欲す。（録・19）

顔面（今は頭脳）が冷静ならば、正しい判断ができる。背中が暖かいならば、熱烈、人を動かすことができる。虚心坦懐にして、我見がなければ、他人を容れることができる。腹が充実していれば、胆力が据《すわ》って物に動じない。人間はかくありたいものだということである。

当時は、このように「心のあり方」と「体のあり方」を関連させて考えるということがよく行なわれていました。これは儒学ですが、道教にも、あるいは易経《えききょう》にも、こうした表現はよく見られます。

私は太極拳の宗家《そうけ》の子孫の方と対談させてもらったことがあるのですが、太極拳では、「太極図」と呼ばれる陰と陽が混ざり合った図にあるように、いろいろな物事を陰陽のバランスで捉えていくということをします。

ですから、混ざり合っている陰陽も、単純に男がいいとか、女がいいとかいう問題ではなく、時々刻々入れ替わっていくものとして捉えられます。

そのとき実際に体を使って、「ちょっと私が押しますね。そうするとこうなって、いま陰と陽がこう入れ替わりました」みたいな説明をしてくれたのですが、やはり体と心は一体のものとしてそこでは捉えられていました。

ですからこの一文も、太極というイメージで捉えると、体のことであると同時に心の問題であり、また同時に人間関係のことでもあり、というようにいろいろ膨《ふく》らみをもって捉えることができます。

私は二十代のときに、体を意識するということをかなり練習しましたが、確かにここで言われているような意識をすると、体だけでなく心にも大きな変化を与えることができます。

ここで言っているのは、顔面（頭）は冷たく、背中は温かく。胸は虚で、腹は実。頭寒足熱《ずかんそくねつ》、上虚下実《じょうきょかじつ》というと難しそうですが、意外と単純な方法で実践できます。

胸のところは意識して手でさすり、みぞおちは緩《ゆる》め、おへその下に手のひらを当てて充実をイメージする。冬はおへその下に使い捨てカイロのようなものを当てて温めるのも意識しやすくなるので効果的です。

そうして下腹に気が集まってくるのがイメージできたら、そこをそのまま充実させておいて、上のほうをできるだけリラックスさせる。

人は何か嫌なことがあったり、緊張するとみぞおちが硬くなるので、そこに手を当てて、ちょっと前屈《かが》みになってゆっくりと息を吐いて緩めてあげる。

そうやって何度かゆっくりした呼吸を行ない、息を吐ききることができると、自然と体の知恵みたいなものがよみがえってきます。

上半身は空っぽで、下半身を充実させる。

これを意識するだけでも、ずいぶん落ち着きが出ます。

同じように頭を冷やして、背中を温かくすると、のぼせがちな気が下に下がるので、焦りや浮ついた気持ちを落ち着かせ冷静になれます。普段からこうしたことを心がけていると、人へのあたり方も変わってきます。

いまは、このように体を使うことで心をコントロールする技術を教わる機会がなくなってきていますが、こういう方法を覚えておくことはとても大切です。

心の奥底に鍼を打つ

吾方《われまさ》に事《こと》を処《しょ》せんとす。必ず先《ま》ず心下《しんか》に於《おい》て自《みずか》ら数鍼《すうしん》を下し、然《しか》る後《のち》事に従う。（録・23）

自分は事柄を片付けるにはこのようにする。すなわち（体の治療をする時に、まず痛むところに針を刺して、鎮静をはかるように）、まず心の奥底に数本の針を打って（肚を据えて）十分熟慮し、後に、仕事にとりかかる。

「心の奥底に数本の鍼を打つ」という言い方が非常に印象的な一条です。

佐藤一斎という人は、鍼を打つのが好きだったようで、言志四録のほかのところでも、困ると胸の下のほうに鍼を打つとだいたいよくなるということを言っています。

もちろん実際に心に鍼を打つことはできませんから、あくまでも比喩で、要は気構えの問題と言っていいでしょう。心の奥底にぐっと下げてよく考えてから仕事に取りかかる、ということですが、それを鍼を打ったときの感覚になぞらえているのがおもしろいと思います。

前述したように、私もときどき、おへその下の丹田に鍼を打ってもらうことがありますが、その鍼灸《しんきゅう》師の先生によれば、お腹の下の気が足りないと、胸が痛くなったりいろいろな症状が現われると言います。

私の場合は丹田に四本も鍼を打たれて、そこにモグサをつけて、火をつけられるのですが、普通のお灸とはまた違った感じの熱さがじわーっと広がっていくのがわかります。

おへその下が中からじんわりと温かくなっていくなんて、そんな経験は滅多にできません。私もこの鍼でしか経験したことのない不思議な感覚です。実際の効果については人それぞれなので一概には言えませんが、少なくとも丹田に鍼を打つと、その感覚が残り、自然と丹田を意識するようになります。

方法はともかく、感覚として臍下丹田を意識すると、難しい事柄やプレッシャーのかかる事柄を目の前にしたときに、落ち着いて対処できるようになるのは事実です。

気が上にのぼってしまった状態をよく「のぼせ上がる」と言いますが、気はやはり下のほうに収まっているほうがよく、上に上がってきてしまうと、落ち着かなくなって、何が何だかわからなくなって、放り出して逃げたくなってしまいます。

だからこそ、大切な事柄を片づけるときは気を落ち着けて、熟慮することが必要なのです。でもこのとき、単に「落ち着いてよく考えろ」といってもなかなかできないので、丹田に意識を集める方法を採る、それを「心に鍼を打つ」というイメージで表現しています。

当時の人たちは、このように、いろいろなやり方で体に働きかけることで、心をコントロールしていたのです。

心というと、いまはすぐに「脳」の働きに目を向けますが、当時は脳のメカニズムが知られていないこともあるのでしょうが、もっと全身的な考え方をします。確かに、実感からすると、「脳が」というより背中を温めろとか、鍼を打てみたいな身体的感覚をイメージしたほうが、変化を実感しやすいし実情にも即していると私は思います。

体をコントロールすることで心をコントロールできるということは、見方を変えれば、心の状態は体に現われると言えます。

わかりやすい例だと、緊張したとき手に汗をかいたり、恐怖を感じたときに心臓がドキドキしたりするのはその典型です。

佐藤一斎は身体感覚をとても大事にしているので、自分の胸の感覚はいまどうだろうとか、こういうときは気が体中にどのようにめぐっているのだろうとか、授業をするときはこうなっているのだな、というように、自分が深く考え込んでいるときの体の感覚、人と接しているときの感覚というふうに、心の状態と体の感覚をいつも事細かに自分で調べているのです。

そのことがよく表われているのが次の一文です。

「余《よ》の義理《ぎり》を沈思《ちんし》する時は、胸中寧静《きょうちゅうねいせい》にして気体収斂《しゅうれん》するを覚《おぼ》え、経書を講説《こうせつ》する時は胸中醒快《せいかい》にして気体流動《りゅうどう》するを覚ゆ。（晩・41）」（自分が正しい道筋について深く考え込む時には胸の中が安らかで、心も体もひきしまるように思われる。また、諸生のために経書を講義する時は、胸がすっきりして、元気が体中に流れているように感じられる）

私は、身体感覚というのは一つのセンサーだと考えています。

たとえば、人を目の前にして、自分が硬くなってしまっていたとすると、それは何かがおかしいということです。

人は、自分で気がつかないうちにテンションが落ちていることがあります。それを知ることができるのが、自分の身体感覚に意識を向けることなのです。

ですから身体感覚を基準にしておくと、どうもテンションが落ちているらしいから、無理してでも笑顔を作ろうとか、自分から話しかけようというように、行動のヒントが得られることがあります。

もう少し上級クラスになると、一日の中での身体感覚の変化に合わせて、午前中はこういう感じで過ごすのが自分には合っているとか、午後はこのぐらいのペースのほうが調子がいいというように、自分のゴールデンタイムに合わせて仕事を効率よく片づけることもできるようになります。

実はこれを比較的上手にやっているのが女性です。

女性は「今日はこんな気分だから」とか、「私は午前中のほうが調子がいいの」というように比較的自分の身体感覚に忠実だからです。

それに比べて男性は、変化を無視して合理性を追求する傾向があります。ファッションも女性はその日の気分に合わせて選びますが、男性は服も食事も毎日同じでもあまり気にしない。それは合理的なことではあるのですが、たまには佐藤一斎のように活動ごとに身体感覚をチェックしてみることも大切です。

「地」のイメージを生活に取り入れる

人は地に生《うま》れて地に死すれば、畢竟《ひっきょう》地を離るる能《あた》わず。(中略)地の徳は敬《けい》なり。人宜《よろ》しく敬すべし。地の徳は順《じゅん》なり。人宜《よろ》しく順なるべし。地の徳は簡《かん》なり。人宜《よろ》しく簡なるべし。地の徳は厚《こう》なり。人宜《よろ》しく厚なるべし。(後・37)

人間は地上で生まれて死んで地に帰るものであって、つまりは地から離れるわけにはいかない。(中略)地の徳とは何かというと次の四つが挙げられる。すなわち地の徳は敬である。だから、人は宜《よろ》しく敬を守るべきである。地の徳は順である。だから人は宜しく順であるべきである。地の徳は簡である。だから人は宜しく簡であるべきである。また、地の徳は厚である。だから、人は宜しく厚であるべきである。

私がこの一文を紹介したいと思ったのは、この一文がいう「人は地に生まれて地に死する、地を離れることはできない存在なんだ」という「地」の感覚が現代社会では失われてきているからです。

現代社会は流れが速いので、地というより水や風といったイメージが強くなっています。現代社会の表現として情報の洪水とか、時の流れが速いといった言葉はよく使われますが、土の要素を盛り込んだ言葉はほとんど使われません。実際の地面もほとんどがアスファルトになってしまっているので、日常生活の中で土に触れることも少なくなってしまっています。

失われているからこそ、多くの現代人は潜在的に土の力を求めているのだと感じます。たとえば、陶芸や家庭菜園、ガーデニングにはまる人はたくさんいますが、あれはみな地の力を得ようとしているのです。

休みの日に畑いじりをしているような人は、たぶんそれをすることで、無意識のうちに生命のバランスを整えているのではないでしょうか。地が持っている時のテンポの遅さとか確かさを自分の中に入れているのでしょう。これは陶芸もガーデニングも同じです。

でも、そういうものに興味があっても、忙しくてやっている暇がないという人も多いでしょう。そういう人にお勧めなのが、地のイメージを感じられるものを身近に置くことです。

たとえば、セザンヌの描いた山の絵（もちろんポスターのような複製で充分です）。

セザンヌは晩年、山ばかり描いています。なぜあれほどセザンヌが山ばかり描いたのかというと、やはり地のイメージに惹かれていたのだと思います。地の持つ確かさ、彼はそこから力を得ていたはずです。

音楽で言えば、バイオリンよりもチェロがお勧めです。私は地のイメージが欲しいときは、バッハの無伴奏チェロソナタを聴くようにしています。

ちょっと時間的余裕のある人は、近くの公園へ行ったり、山が見える場所へ行くのもいいでしょう。

私は、地水火風という四元素のイメージを活用することが、人が生きていくうえで有効なことだと考えています。

ですから本来は地に限ったことではないのですが、いまはあまりにも地の要素が欠落してしまっているので、積極的に地のイメージを持つのがよいでしょう。

佐藤一斎がこの一文で言っている四つの地の徳、「敬」、「順」、「簡」、「厚」も、地のイメージとして捉えるとわかりやすくなります。

地には落ち着いたイメージがあります。それが「敬」です。他にも従順なイメージの「順」、シンプルさを表わす「簡」、そして、重厚さの「厚」、どれもあまり大きな変化は感じられませんが、安定して落ち着いているイメージです。

かつての日本人は、地水火風で言えば、地のイメージの強い人が多かったのではないかと思います。わりと落ち着いていて、変化が少なくて、感情のぶれが少なくて、信頼できるタイプ。高倉健さんなどを見ていると、水とか風というよりは、やはり地のイメージです。

いまはそういうイメージの人が減ってきてしまっています。みんなフットワークは軽いのだけど、逆に安定感、安心感は感じられない。

地が持っているプラス面の要素を自分の要素として取り入れて、プラスに働かせるためにも、地をイメージさせるものを身の回りに増やしていくのがいいのではないでしょうか。

人生を表わす二つの文字——シンプルに考える

一の字、積《せき》の字、甚《はなは》だ畏《おそ》る可《べ》し。善悪の幾《き》も初一念《しよいちねん》に在《あ》りて、善悪の熟《じゆく》するも積累《せきるい》の後《のち》に在《あ》り。（後・38）

一の字と積の字は、常に畏《おそ》れ謹《つつし》まなければならない。善悪のきざしは、すべて最初の一念によるところが多く、また善が固まるのも悪が固まるのも、いずれも初一念が積み重なった後の結果であるわけである。

「一の字、積の字、甚だ畏《おそ》る可し」

この表現のおもしろさが、まさに佐藤一斎の才能だと思います。

普通は字など畏れません。しかも「一」という字を見て畏怖の念を抱くなんて尋常ではありません。

漢字は中国の偉大な発明です。その偉大さを彼はきちんと受け取っていたからこそ、「一」という一字に、そして「積」の一字にこれほどに深い意味があるのかという畏怖の念を抱いたのでしょう。

では、これらの字の何がこれほどまでに佐藤一斎を畏れさせたのでしょうか。

それは、簡単に言うと、漢字一字がコンセプトだということです。

小さなことの積み重ねが、とんでもないところまで行ける唯一の道である。だから一の字と積の字は畏るべし。人生はつまるところ、一の一字であると言ってもいいし、積の一字であると言ってもいいわけです。

つまり、人生という訳のわからないものに対してさえも、この一字をもって代えられるようなコンセプト性の強さをこれらの漢字は持っているということに、彼は感動に近い畏れを感じているのです。

コンセプトであるということは、すべての漢字に共通する「漢字」自体のよさと言えます。でも、その中でも、特に「一」と「積」の包容力はすごくて、この二つが揃《そろ》っているとだいたいのものが収まってしまう。

たとえば、「一は最初の一歩、積はその積み重ね、世の中のことはすべてこれに尽きる」そう言われると、そんな気がしてきませんか。

また、一と積という字を書いて部屋に貼っておくと、それを見ただけで、一つひとつをきちんとやることが結果になるのだ、というような気持ちになれるので、日々の行動が変わっていくはずです。

おそらく、いまこの「一と積」を理解して実践してる人でもっとも有名な人は、イチローでしょう。彼は、「一と積」がわかっていると思います。

彼が二〇〇本安打を打てるのは、二〇〇本目をイメージしてはいないからです。毎試合、常に次の一本と思って打席に立っているはずです。

実際、イチローは、小さい一つひとつのことを大事にし、それを積み重ねることによってのみ、とんでもないところに行けると語録で言っています。

このようなシンプルな考え方は、人生に役立ちます。佐藤一斎はこう述べています。

「一物《ぶつ》を多くすれば斯《ここ》に一事《じ》を多くし、一事《じ》を多くすれば斯《ここ》に一累《るい》を多くす。(録・219)」

(物が一つふえれば、やる事が一つふえる。やる事が一つふえれば、わずらわしさがふえる)

物が増えると、面倒も増えていく。だから、できるだけいろいろなものを減らしていくのがいい、そうすればストレスも減って集中できるようになる、ということです。

一点豪華主義という言葉がありますが、あれは一つの贅沢《ぜいたく》なものに集中するということなので、この場合とは少し違います。

この場合は、もっと全体をシンプルにしていくというイメージです。簡素化といってもいいでしょう。やるべきことが限られれば、そこにエネルギーが傾注できるので、集中力が増していくのです。

心がすべてを映し出す

宇《う》は是《こ》れ対待《たいたい》の易《えき》にして、宙《ちゅう》は是《こ》れ流行《りゅうこう》の易《えき》なり。宇宙は我《わ》が心《こころ》に外《ほか》ならず。

（後・20）

宇は空間の無疆《むきょう》を意味し、易では空間で万物双対の形を示し、宙は時間の無限を意味し、易では万物流行の形を示す。（宇と宙にこのような意味はあるものの）宇宙は我が心にあって、我心以外のものではない。

宇宙というのは自分のまわりにあるので、自分ではないと思いがちですが、宇宙のことまで考えられる自分というのは、宇宙を包含しているようなものだと言えます。

ここでいう宇宙は、無限の空間や時間、万物の流転《るてん》ということで、およそすべての物事、この世界の道理といったような意味です。物の本質は何かということは、古今の哲学者が考えてきたことです。佐藤一斎は、それは心であるというのです。

私たちが捉えることができるものというのは、結局のところ、すべて自分の心に映し出されたものです。これは現象学の考え方とも通じるものですが、結局私たちは、自分の心に映ったものしか確かめようがないのです。

ものは自分と関係なく存在しているのですが、そのものを確認するには、自分の心に映ったものを見るなり、書き留めるなりするしかないというのが現象学のスタンスです。

でも、自分の心に映ったものだけだとどうしても歪《ゆが》んでいる可能性があるので、いろいろな人の主観を記述して、それを混ぜ合わせることで共通のものを見つけだすということが行なわれます。それが「共同主観性」とか「間《かん》主観性」と呼ばれるものです。

そう考えると、客観的といわれるものも、さまざまな主観のすりあわせから、「まぁ、この辺が妥当だろう」と決められたものにすぎないということになります。

つまり、客観という自分とは別のものがあるのではなく、客観も多くの主観が基本になっているということです。

だから、結局、すべての基本に自分の心があるということになるのです。

自然に合わせればうまくいく

倫理と物理とは同一理《どういつり》なり。我《わ》が学《がく》は倫理の学なり。宜《よろ》しく近く諸《これ》を身《み》に取るべし。即《すなわ》ち是《こ》れ物理なり。（晩・15）

人の履《ふ》み行うべき道と物事の道理とには共通の理が存在している。わが修養の工夫をする儒学は倫理に関する学問である。であるから、何事でも自分の身に近くとって人倫に違《たが》わないように行わなければならない。それが他面からいえば物の道理ということである。


人間が守るべき倫理と、自然のものの道理を同一の理として考える。

そう考えることによる効果には、二つあります。

まず一つは、心という見えないものを、自然界のものに置き換えて考えることで理解しやすくなるということ。もう一つは、自然の持つバランスを規範にすることで、心のバランスがとれるようになるということです。

このときポイントとなるのは、前にも触れましたが、「回す」という感覚を持つことです。なぜなら自然は常に回っているからです。そのサイクルに自分の心を合わせていくと、物事はスムーズに運びます。

自然のサイクルに自分の心を合わせるというと難しく感じるかもしれませんが、それほど難しいことではありません。具体的、かつ簡単に言うなら、季節の移り変わりに合わせて、気分や行なうことを変えていくということです。

たとえば、春には始まりの気があります。

暦《こよみ》では一年は一月から始まりますが、日本の場合は、新学期や人事異動など春から始まることがたくさんあります。ですから新しいことを始めるならこの春の気に合わせて行なってみるのです。

同様に夏には夏の気が、秋には秋の気が、冬には冬の気がそれぞれにあります。

日本にはせっかく四季があるのですから、その四季に合わせて、勉強や仕事を整えていくというやり方もいいのではないかと思います。

他にも、一日のサイクルに合わせて、することを決めるというのも一つの方法です。

以前、私が東大で教えていたときの学生で、卒業後会社に勤めながら毎朝一時間、スターバックスで勉強して司法試験に受かった男性がいます。彼は、いろいろな時間に勉強してみたのですが、やはり朝にするのが一番効果的だったと言います。

朝は一日の始まりなので、ほとんどの人がやる気に満ちています。そんな「朝の気」に加え、彼の場合は、スターバックスというやる気の高いビジネスマンの集まる「場」のエネルギーも効果的に活用したと言えます。

このように、どの季節に何をするのか、どの時間帯に何をするのかということを、自然の流れに連動させる形で決めていくと、よい結果に結びつきやすくなります。

人生の収支は、今日一日の積み重ね

昨日《さくじつ》を送りて今日《こんにち》を迎え、今日を送りて明日《みようにち》を迎う。人生百年此《か》くの如《ごと》きに過ぎず。故《ゆえ》に宜《よろ》しく一日《じつ》を慎《つつし》むべし。一日慎《つつし》まずんば、醜《しゆう》を身後《しんご》に遺《のこ》さん。恨《うら》む可《べ》し。（後略）（晩・258）

昨日を送り、今日を迎え、今日を送って明日を迎える。人間の一生は、よし百年の長きを保っても、このようなことを繰返しているに過ぎない。だから、その日その日の一日を慎むようにしなければならない。今日の一日を慎まないと、必ず醜名《しゅうめい》を死後に残すことになる。それではまことに残念だ。（後略）

一日を収支決算で考えたとき、あなたの今日はプラスだったでしょうか、マイナスだったでしょうか。

私は、一日ごとに収支決算をしているのですが、マイナスになるのはいやなので、必ずプラスになるような何かを組み込むことにしています。

これは、プラスになることならどんなことでもかまいません。

たとえば、これさえ食べればご機嫌というものでもいいし、これさえできれば今日はいい日だと思えるものでもいい。

私の最近のお気に入りは、マッサージです。

とても上手なところがあって、かなりストレスが溜まったときでも、そこへ行けば必ず気分的にプラスになれるのです。一時間で六〇〇〇円と安くありませんが、たとえ六〇〇〇円払ってでも、それでその日がプラスになるのなら行く価値があります。

私の友人には、高いチョコレートに活路を見出した人もいます。

安いチョコレートでも高いチョコレートでもカロリーはほぼ同じです。それなら高いチョコレートのほうがいいといって、高いチョコレートを買っておいて、今日はマイナスかな、という日にそれを二個、食べるのです。すると、どんなに嫌なことがあっても、このチョコレートを二個も食べられたのだから今日はいい日だった、と思えるのだと言います。

このように、一日のストレスの収支決算をうまくコントロールすることによって、いい日を積み重ねていくというのは結構いいやり方ではないかと思います。

もちろんこれは、今日さえよければ明日はどうなってもいいという考え方ではありません。

先に「一」と「積」の字で人生が表わされるという話がありましたが、人生全体を考えるのはなかなか難しいですから、まずはその一日がよい日だったかどうか、正しいことをしていたかどうかを省みることが大切なのです。

一日一日のよい日を積み重ねていけば、人生全体も素晴らしいものになるだろうという、実践的な教えなのです。

老人は「人間こたつ」で温《あたた》まれ？

余《よ》思う、子孫男女《しそんだんじょ》は同体《どうたい》一気《き》なれば、其《そ》の頼んで以《もっ》て安《やす》んずる所の者固《もと》よりなり。但《た》だ此《こ》れのみならず、老人は気乏《とぼ》し。人の気を得て以《もっ》て之《これ》を助くれば、蓋《けだ》し一時《じ》気体調和すること、温補薬味《おんぼやくみ》を服するが如《ごと》きと一般なり。此《こ》れ其《そ》の人多きを愛して、人少《すくな》きを愛せざる所以《ゆえん》なり。（録・53一部）

私は思うに、子孫男女同志は体を同じゅうし、気を一にするものであるから、互いに頼み合って身も心も安らかになるばかりでなく、老人は元気が乏しいものであるから、人の雰囲気を得て、これを助けてあげれば、気分と体との調和がとれて元気づく。このことはちょうど、ゆたんぽや補温剤を飲んで身体を温めるようなものだ。これが、老人が人多きを好み、人少なきをいやがるわけである。

年を取ると、人は気が少なくなって冷えてきてしまう。

これは何となくわかると思います。

小学生の子どもを見ていると、無意味に元気で、頭から湯気が出るほどのエネルギーと熱を感じますが、お年寄りは元気でも、さすがにそこまでの熱気は感じられません。

では、そんな老人を温めるにはどうすればいいのでしょう。

一番いいのは、人の力で温めることだと言います。ここでは「湯たんぽ」のようなものだと言っていますが、私のイメージは「人間こたつ」です。

もちろん、人で温めるといっても、実際に肌と肌をつけて温めろと言っているわけではありません。老人は人々がつくり出す交流のエネルギーによって温められるのです。

最近は、高齢者だけが住むマンションなどもありますが、そうしたものに人気が集まるのも、やはりひとりでいるより大勢集まったほうが温かいからだと思います。

この、人の気で温まるという感覚がわかると、人との関わり方が変わっていきます。

たとえば、ご近所づきあいなども、面倒くさいと嫌う人も多いのですが、実はご近所づきあいで自然と温まっている部分もあるのです。

朝、挨拶を交わす。道ばたでちょっとした立ち話をする。それだけでも人は温まるからです。

私のように大学で教えていると、大学は若い人の気が充満しているので、ほかの場所に分けてあげたいぐらいの温かさを感じます。それはもうすごい熱量で、熱気と言ってもいいぐらいです。

人とのコミュニケーションによって温まるという感覚自体は、高齢の方だけでなく若い人でも感じるものでしょう。

でも、「人の気で温まる」という感覚を、意識化することができている人はとても少ないのです。

一斎は「身には老少有れども、而《しか》も心には老少無し。(耋・283)」と言っています。

高齢の方に元気になっていただく意味でも、この一文はとてもおもしろいと思います。

年を経て「視る」から「観る」、「察する」へ

余自《よみずか》ら視《し》、観《かん》、察《さつ》を飜転《ほんてん》して、姑《しばら》く一生《しょう》に配《はい》せんに、三十已下《いか》は、視《し》の時候に似たり。三十より五十に至《いた》るまでは、観《かん》の時候に似たり。五十より七十に至るまでは、察《さつ》の時候に似たり。察の時候には当《まさ》に知命《ちめい》、楽天《らくてん》に達すべし。(後略)

（後・240）

論語の為政篇に「その為す所を視、その拠《よ》る所を観、その安《やすん》ずる所を察す」とある。自分はこの視・観・察を写し替えて、一生涯に配当してみると、三十歳以下はざっと世間をみるから視の時代に似ている。三十から五十に至るまではやや意を用いて世間をみるから観の時代に似ている。五十から七十に至るまでは内省し思考するから、察の時代に似ている。この察の時代にはまさに天命を知って楽しむ年頃に達すべきである。

これは、三〇歳以下は「視」であって、三〇歳から五〇歳までは「観」、五〇歳から七〇歳は「察」と、それぞれ違う漢字を用いて、その働きを区別しているというものです。

三〇歳以下の「視」とは、ざっと世間を見るというイメージです。

三〇歳から五〇歳までの「観」は、自分の意思を持って見るということです。

五〇歳から七〇歳の「察」は、内省して思考するということでしょう。

同じ「見る」なのですが、それぞれの文字がこのように微妙に異なる特徴を持っているのが漢字のおもしろいところであり、素晴らしいところです。

日本語は微妙な表現が多く繊細だと言われますが、このように見ていくと、日本語より中国の漢字のほうが、はるかに細かな分類がなされていることがわかります。

諸橋轍次《もろはしてつじ》先生の『大漢和辞典』（大修館書店）などを見るとよくわかりますが、漢字には気が遠くなるほど多くの「類語」があります。日本語が豊かな表現ができるのは、やまと言葉に加えて漢字があるおかげです。

このように人生の終盤で、世界の道理がわかって生きていることを楽しめるようになるというのは、簡単なようで難しいものです。

「察」ができるようになると、余裕も生まれ、人に対しても優しくなれます。一斎はこう述べています。

「申申夭夭《しんしんようよう》の気象《きしょう》は、収斂《しゅうれん》の熟する時、自《おのずか》ら能《よ》く是《か》くの如《ごと》きか。（後・32）」（ゆったりして、やわらぎよろこぶ気分は、精神修養が十分に熟した時にこそ、自らこうなれるものであろうか）

儒学の祖である孔子もいつも穏《おだ》やかであったと言われています。儒学者である佐藤一斎は、精神修養が充分に熟したら、自分も孔子のように穏やかな人になれるのだろうか、と期待を込めて言ったのです。

ここでおもしろいのは、「気象」という言葉を使っているところです。

気象という言葉は個人の性質も表わしますが、気温や大気の変化にも使われます。そんな「気象」という言葉を使うところが、個と全体、人と自然を分けない東洋の思想の奥深さを表わしているように思えるのですが、いかがでしょうか。

高齢者への忠告

人は五十已後《いご》に至《いた》りて、春心《しゅんしん》再び動く時候《じこう》有り。是《こ》れ衰徴《すいちょう》なり。（後略）（後・149）

人は五十歳を過ぎて、再び青春の気が発動することがあるが、これは実は身体の衰え始める前兆である。

これはおそらく、佐藤一斎の体験からきているのでしょう。どこか老人の悲哀を感じさせるものがあります。

春心というのは、性欲のことだと思います。つまり、人は五〇歳ぐらいのときに性欲が再び盛り上がってくることがあるけれど、だからといっていい気になってはいけない。それは実は衰えの兆候なので、そこでいい気になるとあとが大変だ。だから調子に乗ってはいけないよ、というのです。

この文は、言志四録の中の二巻目「言志後録」にあるものなので、佐藤一斎がこれを書いたのは、ちょうど五〇歳を少し過ぎた頃だと思われます。

周囲の人々を見ていて、自戒の思いを込めて書いたものなのか、自分が経験して、調子に乗って痛い思いをしたので後進への忠告として書いたのか、どちらなのかはわかりませんが、とてもおもしろい一文です。

もう一つ、高齢者への言をご紹介しておきましょう。

「老齢は酷《こく》に失《しつ》せずして、慈《じ》に失す。警《いまし》む可《べ》し。(晩・260)」(人は老年になると、他に対して厳格になり過ぎることはないが、慈愛に過ぎる傾きがある。この点警《いまし》むべきである)

年をとると人に対して甘くなる。でも、あまり甘すぎるのはよくない、というこれも忠告です。

孫を溺愛《できあい》するおじいさん、おばあさんは少なくありません。あれは孫だから甘いのだと思っていましたが、もしかしたら年のせいなのかもしれません。人生を知って穏やかになることはよいことですが、それは単に甘くなるということとは違うということです。

死を受け入れる感覚

聖人《せいじん》は死に安《やす》んじ、賢人《けんじん》は死を分《ぶん》とし、常人《じょうじん》は死を畏《おそ》る。（録・132）

聖人は生死を超越しているから、死に対して心が安らかである。賢人は生者必滅の理を知っているから、死を生きている者のつとめであると理解してあわてない。一般の人は、ただ死を畏れて、取乱す。

これは、聖人、賢人、常人という三つの精神段階に分けて、それぞれの死に対する思いについて述べたものです。

まず、常人は死を畏《おそ》れる。これは、ごく一般的な感覚だと思います。

では、なぜ畏れるのでしょう。

それは、次の賢人と対比するとよくわかります。

「賢人は死を分とし」というのは、賢人は死を理解している、という意味です。

これをさらにかみ砕くと、賢人は死というものを理解しているので常人のように畏れてはいないが、聖人のように安心するところまではいっていない、となります。

人が物事を畏れるのは、その正体がわからないからです。

正体がわかれば、「恐怖」という漠然としたものではなく、もう少しはっきりしたもの、「ここが嫌い」とか「これが嫌だ」といったものになります。

ですから、まずは正体を突き止めることが大切です。

正体を突き止めるには、対象をよく見なければなりません。

つまり、死とはどういうものなのかを考えるということです。そして、考えた結果を受け入れるというのが「わかる＝理解する」ということです。

でも、死は経験することができませんから、頭ではわかっているのだけれど、どうしても気持ちとしては受け入れられないということはあります。

気持ちの部分が受け入れられているかどうか、これが賢人と聖人の違いです。

吉田松陰は自らの死刑を前にして、『留魂録《りゅうこんろく》』のなかで、次のような言葉で語っています。

自分が死を目前にして落ち着いていられるのは自分が四季の循環というものを考えたからだ。人生は長くても短くてもそれぞれの四季がある。自分は三〇歳だけれど、やはりその中にも四季はちゃんとあったのだからそれでいい。

まさに「聖人は死に安んじ」です。

では、どうしたら吉田松陰のような境地になることができるのでしょう。

聖人への第一歩は、賢人になること、つまり死を見つめて理解することです。

そして頭で理解できたら、次はそれを気持ちのところまで落としていくのですが、これには「技」が必要です。

頭から気持ちに落とし込んでいく。この技の一つに、白隠《はくいん》禅師が説いた軟酥《なんそ》の法がありま す。

軟酥の法というのは、いまの言葉を使うなら、イメージトレーニングの一つです。

まず頭の上に醍醐《だいご》という、いまで言えばバターのようなとても美味しいものが載《の》っていると想像します。次に、それが少しずつゆっくりと溶けて全身に染み渡っていくことをイメージします。

この方法が優れているのは、美味しいものが頭からさーっと下に広がっていくことによって、全身がリラックスすることです。リラックスしているというのは呼吸が深いということで、呼吸が深いということはその事柄に対して安心できているということです。ですから、この軟酥の法を行ないながら、自分が頭で理解したことが、ゆっくりと降りてくるのをイメージすると、まず胸に落ちて、もう少しするとお腹に落ちて、最後には腑《ふ》に落ちるというように、段階を経ながら自分の中に定着させていくことができるのです。

いまの時代は理解と気分を分けてしまうので、なかなか両者を結びつけられないのですが、そこに身体感覚を介すことによって、心を動かすことができるようになるのです。

とはいうものの、死の理解も軟酥の法も難しい。

もっと簡単に安心できる方法はないのか、というあなたのために、最後に今日から実行できる簡単な方法をご紹介しましょう。

それは、日々やるべきことをやることです。

これは仕事でも家事でも草木の世話でもいいのですが、最期のお迎えがくるその日まで、自分がやるべきことをコツコツとやりつづけること。休むのはお墓に入ってからでいい、というくらいの気持ちで日々のことに集中すれば、不安も畏れもなくなります。

何もしないで、死を畏れているのが一番よくありません。毎日毎日目の前のことを一生懸命やりつづけていたら、ある日さっとお迎えがくる。それが理想の死に方＝生き方ではないでしょうか。

本書が『言志四録』から採録した条項

言志録		言志後録		言志晩録	言志耋録
2	53	5	170	1	106
3	57	20	178	13	117
5	61	28	193	15	133
6	67	32	195	41	176
8	68	33	220	42	259
11	75	34	240	51	283
13	78	37		55	
19	79	38		59	
21	88	55		60	
23	92	59		74	
26	102	62		125	
31	110	66		128	
32	119	91		131	
33	121	101		153	
34	124	103		158	
36	132	107		167	
37	144	135		206	
38	148	138		258	
39	150	140		260	
40	153	149			
41	189	159			
43	219	161			
44	233	168			

西郷隆盛が「手抄《しゅしょう》言志録」に採録した条項

（下線をつけたものは本書にも採録）

言志録		言志後録	言志晩録		言志耋録	
<u>3</u>	216	1	<u>1</u>	162	14	<u>283</u>
<u>5</u>	222	2	9	172	40	
<u>88</u>	223	3	<u>13</u>	175	44	
99	224	12	<u>15</u>	189	55	
120	225	18	17	246	56	
<u>121</u>		19	19	275	57	
122		25	22	276	66	
<u>124</u>		<u>28</u>	24		67	
125		64	31		76	
127		77	38		77	
130		84	44		78	
<u>132</u>		94	45		80	
133		96	<u>55</u>		113	
134		98	63		114	
137		100	76		140	
138		111	87		141	
141		117	92		202	
<u>144</u>		127	93		210	
<u>148</u>		<u>138</u>	98		216	
149		144	99		241	
<u>150</u>			123		251	
<u>153</u>			146		266	
154			159		267	

キリトリ線

★読者のみなさまにお願い

この本をお読みになって、どんな感想をお持ちでしょうか。祥伝社のホームページから書評をお送りいただけたら、ありがたく存じます。今後の企画の参考にさせていただきます。また、次ページの原稿用紙を切り取り、左記まで郵送していただいても結構です。

お寄せいただいた書評は、ご了解のうえ新聞・雑誌などを通じて紹介させていただくこともあります。採用の場合は、特製図書カードを差しあげます。

なお、ご記入いただいたお名前、ご住所、ご連絡先等は、書評紹介の事前了解、謝礼のお届け以外の目的で利用することはありません。また、それらの情報を6カ月を超えて保管することもありません。

〒101―8701（お手紙は郵便番号だけで届きます）
祥伝社新書編集部
電話03（3265）2310

祥伝社ホームページ　http://www.shodensha.co.jp/bookreview/

★本書の購入動機（新聞名か雑誌名、あるいは○をつけてください）

＿＿＿＿新聞の広告を見て	＿＿＿＿誌の広告を見て	＿＿＿＿新聞の書評を見て	＿＿＿＿誌の書評を見て	書店で見かけて	知人のすすめで

★100字書評……最強の人生指南書

名前

住所

年齢

職業

齋藤孝　さいとう・たかし

明治大学文学部教授。1960年、静岡県生まれ。東京大学法学部卒業。東京大学大学院教育学研究科博士課程等を経て現職。専門は教育学、身体論、コミュニケーション論。『声に出して読みたい日本語』（草思社）、『身体感覚を取り戻す』（NHKブックス）、『1分で大切なことを伝える技術』（PHP新書）、『齋藤孝のざっくり！日本史』『齋藤孝のざっくり！美術史』（以上祥伝社）など著作多数。小学生向けセミナー「斎藤メソッド」主宰。

最強《さいきよう》の人生指南書《じんせいししなんしよ》
佐藤一斎《さとういつさい》「言志四録《げんししろく》」を読《よ》む

齋藤孝《さいとうたかし》

2010年6月10日　初版第1刷発行
2010年7月25日　　　第6刷発行

発行者……………竹内和芳
発行所……………祥伝社《しょうでんしゃ》
〒101-8701　東京都千代田区神田神保町3-6-5
電話　03(3265)2081(販売部)
電話　03(3265)2310(編集部)
電話　03(3265)3622(業務部)
ホームページ　http://www.shodensha.co.jp/

装丁者……………盛川和洋
印刷所……………堀内印刷
製本所……………ナショナル製本

Printed in Japan ISBN978-4-396-11205-9 C0295

〈祥伝社新書〉
今こそ読み直したい古典